MANUAL PARA LA FAMILIA CATÓLICA DE HOY

UNA PUBLICACIÓN PASTORAL REDENTORISTA

One Liguori Drive ▼ Liguori, MO 63057-9999

Imprimi potest:
Thomas D. Picton, CSsR
Provincial, Provincia de Denver
Los Redentoristas

Imprimatur:
Reverendo Robert Hermann
Obispo auxiliar, Arquidiócesis de St. Louis

Las citas bíblicas son de *Biblia de América*, cuarta edición 1994.

Liguori Publications, corporación no lucrativa, es un apostolado de los Redentoristas. Para saber más acerca de los Redentoristas visite "Redemptorists.com"

Para hacer pedidos llame al 800-325-9521
www.librosliguori.org

ISBN 978-0-7648-1665-9
Impreso en los Estados Unidos de América
17 16 15 14 / 9 8 7 6

Se agradece el permiso para usar citas de la encíclica *Ecclesiam Suam*, que aparece en el libro *Ocho grandes documentos*, publicado por la Biblioteca de Autores Cristianos de la Editorial Católica, S.A., y de los Documentos de Medellín y Puebla, publicados por el Secretariado general del CELAM.

ÍNDICE

Introducción:
El maestro y el soldado

Un maestro de religión judío en Polonia soñó tres veces que un ángel le dijo que fuera a la próxima ciudad. "Allí, frente al palacio, cerca de un puente," le dijo el ángel, "averiguarás dónde hay un tesoro escondido."

El maestro fue a la ciudad y cuando llegó frente al palacio encontró a un soldado cerca del puente. Él le contó al soldado el sueño que había tenido y el soldado le contestó: "Yo también tuve un sueño. El ángel me dijo que fuera a la casa de un maestro de religión judío porque allí hay un tesoro enterrado frente a la chimenea." Al oír esto el maestro volvió a su casa y buscó frente a la chimenea. Allí encontró el tesoro.

Como familia, ustedes poseen un tesoro que vale mucho más de lo que nadie se imagina. Como católicos poseen un tesoro familiar que puede transformar la vida que comparten en familia en una experiencia de paz y alegría. Ese tesoro está en su hogar esperando que lo descubran.

En conclusión, ¿qué nos dice esta historia? Ustedes son el maestro de religión judío y este libro es el soldado. Y el mensaje es el siguiente: El reino de Dios está en medio de ustedes.

1
LLAMADOS A DESCUBRIR
EL REINO DE DIOS

[CIC 541–555; 2232–2233[1]]

El secreto del adulto

La escritora Rosalía de Castro nos dejó este poema:

Yo no sé lo que busco eternamente
en la tierra, en el aire y en el cielo;
yo no sé lo que busco.
Pero es algo que perdí no sé cuándo
y que no encuentro, aun cuando sueño
que invisible habita en todo cuanto toco y cuanto veo.
Felicidad, no he de volver a hallarte en la tierra,
en el aire, ni en el cielo, y aún cuando sé que existes
ya no eres vano sueño!

La desaparición de ese "sueño" es una pérdida que muchos adultos sienten. En su libro Cómo meditar, el psicólogo Lorenzo Le Shan hace referencia a "algo en nosotros que una vez poseímos casi sin saberlo, pero hemos perdido sin saber lo que era o cuándo o cómo lo perdimos."

Muchos adultos sienten esa pérdida. Cuando nos convertimos en adultos y tenemos responsabilidades de familia, la vida se convierte en trabajo, trabajo, y más trabajo. Es un remolino que no nos agrada, pero no podemos eliminarlo. La vida se convierte en

1. CIC: *Catecismo de la Iglesia Católica*

una carga similar a la de Adán y Eva cuando fueron expulsados del Edén. La niñez era nuestro Edén. Aunque teníamos algunas preocupaciones, la vida para la mayoría de nosotros era algo ideal, una fantasía donde sólo existía el presente.

Cuando empezamos a ir a la escuela queríamos "ser mayores". Pero aun esa "mayoría de edad" era una fantasía. Pensábamos llegar a ser enfermeras o pilotos y vivir siempre felices. Ahora somos mayores de edad, una etapa entre la primera niñez y la segunda. Nos dedicamos a criar y mantener la familia, a tratar de acabar con la inflación, a adaptarnos a los cambios que surgen y a buscar la serenidad del espíritu.

La mayoría de nosotros buscamos la serenidad del espíritu y un sentido de alegría. Queremos gozar de la vida y de las cosas sencillas que tanto placer nos dan. Queremos derribar las barreras que nos impiden ser sinceros con los demás. Queremos, en lo más hondo de nuestro ser, creer que la vida es increíblemente buena y que nunca va a terminar. Queremos ser adultos responsables, pero también queremos vivir la vida con el "sueño" que nuestros hijos y nietos poseen ¿Crees que se puede recuperar ese "sueño"?

El sueño recuperado

En su primera carta a Corinto, Pablo escribió: "Cuando ya fui hombre, dejé atrás las cosas de niño". Pablo se dirigía a un grupo de adultos que competían porque cada uno pretendía tener más dones espirituales que los demás (1 Corintios 12-14). Estos cristianos se preocupaban tanto por sus propios planes y sus rivalidades que se habían olvidado de la meta original. Habían caído en la deshonestidad—algo característico del mundo "adulto". Lo que Pablo les decía era que esta falta de honestidad era una "niñería". Lo contrario a una "niñería" es la visión radicalmente madura que Jesús revela. Él nos dijo: "Cambien y vuelvan a ser como niños" (Mateo 18:3).

Este consejo nos parece una locura y si lo juzgamos usando las normas de los adultos lo sería. Y aquí está el punto clave. La visión que nos ofrece se deshace de todas las cosas que nos impiden ser felices. Simplemente, como dice Pablo, la locura de Dios es más sabia que la sabiduría de los hombres. (1 Cor 1:25) La locura de Dios sabe lo que la sabiduría adulta no sabe: que no tenemos el poder de alcanzar nuestra felicidad. Se puede alcanzar lo que el niño que tenemos en nuestro interior quiere alcanzar, pero sólo si penetramos en el mundo del evangelio. El filósofo Kitaro Nishida escribió una vez en su diario: "Si mi corazón se vuelve puro y sencillo como el de un niño creo que no hay felicidad mayor en el mundo". Podemos lograr esto. Podemos compartir lo que Pablo llama "la libertad y la gloria de los hijos de Dios" (Rom 8:21).

Lo que se propone habría que tomarlo muy en serio: cambiar. Volver a ser como niños. Considera lo que caracteriza a un niño. Escoge a un niño que conozcas y que posee las actitudes que quieres recobrar. Seguramente conoces a uno y quizás hasta viva contigo. Observa a ese niño. Haz una lista de lo que le caracteriza, cosas como confianza, inocencia, alegría, fascinación. Pregúntate de dónde vienen estas actitudes, el porqué el niño siente lo que siente. Pregúntate si ese niño es un tonto o si sabe vivir la vida. Y esto también lo puedes lograr tú.

Los niños saben lo que Jesús quiso decir cuando usó la palabra "felices" en el capítulo quinto de Mateo. Ellos saben lo que Pablo quiere decir al usar la palabra "alegría" en su carta a los filipenses. En el mundo de los niños, la vida es buenísima y no tiene fin. Eso es lo que Jesús quiso decir cuando hablaba del Reino.

Ese mundo puede ser tu mundo. Tu vida puede cobrar un nuevo significado. Puedes recobrar ese "sueño" en tu propio hogar. Pero para lograrlo tienes que tomar a Jesús en serio. Él hablaba a los adultos cuando dijo: "Cambien y vuélvanse como niños".

La familia del Reino

Jesús de Nazaret, el predicador, no tenía propiedades, hijos, un trabajo fijo. Podrías pensar que alguien como él no es un buen "hombre de familia". Pero eso es exactamente lo que él fue. La diferencia radica en que él consideraba a todo el mundo como familia. Esto se basaba en la forma en que Jesús vivía la vida. Para él su hogar era la presencia de Dios. Él estaba consciente de esta presencia al igual que tú estás consciente de ti mismo— siempre y en todo lugar. En aquel entonces se consideraba como falta de respeto mencionar el nombre de Dios en un lugar público. El nombre era demasiado sagrado. Pero Jesús fue aún más lejos porque él llamó a Dios *Abbá*, amadísimo Padre. La relación que él tenía con Dios era tan honda y natural que era contagiosa. Aquellos a quienes él influyó se sintieron atraídos a esa relación. Hoy día le hablamos a Dios igual que lo hizo Jesús: lo llamamos " Padre nuestro".

Jesús fue un rabino, un maestro de religión. Pero él no fue como los otros rabinos. El papa Juan Pablo II nos recordaba en el documento *Mulieris Dignitatem* que Cristo promovió la verdadera dignidad de la mujer, y que sus contemporáneos sentían estupor al ver esa actitud hacia la mujer, que no era común en el mundo judío. De hecho, Jesús sorprende a sus contemporáneos con muchos mensajes que chocaban contra el modo convencional de su tiempo. Su conocimiento de Dios, su íntima unión con el Padre, lo llevaba a proclamar que el banquete del Reino ya había comenzado. El Reino de Dios está entre nosotros; el banquete ya lo hemos comenzado a celebrar (Cf. *Mulieris Dignitatem,* 12).

El Reino está aquí y ahora

Nadie puede decirnos lo que el banquete es en realidad. No se puede explicar, sólo se puede descubrir. Pero sí sabemos que Dios es parte íntegra del banquete. Dios es un Padre amoroso y nosotros somos su familia amada. Tu familia es la familia de Dios. Cada miembro de tu familia es parte del Reino.

Nadie puede definir el Reino. No existen fronteras de tiempo o lugar. Pero esto es definitivo: para ti el banquete está aquí ahora en tu propia familia. El Reino es tal que nos llega a través de las personas, especialmente aquellos que significan más para ti. O se celebra el banquete en familia o no se celebra. El Reino no es algo que puedes lograr por ti mismo. Sólo Dios puede lograrlo. El Reino yace en tu futuro con Dios y aparece aquí ahora para llevarte hacia adelante a tu futuro. Tú y tu familia son peregrinos que viajan hacia un reino que no es de este mundo.

El banquete al cual has sido llamado no es una comida en el sentido literal de la palabra. Como dijo Pablo: "El Reino de Dios no es cuestión de comida o bebida; es ante todo justicia, paz y alegría en el Espíritu Santo" (Rom 14:17). Tú no puedes crear esta paz y alegría, pero las puedes descubrir y ver en tu esposo o esposa, tus hijos o hijas, tus hermanos o hermanas y tus padres. Cuantas veces se hagan felices, esta paz y alegría se convierten en una realidad. Cuantas veces se perdonen o se consuelen, Dios está obrando en ustedes. Cuantas veces se miren y se den cuenta de que el Padre está llamando a esta persona a entrar en comunión con él, el Reino está en medio de ustedes.

Puntos para la reflexión y el diálogo

Los puntos para la reflexión y el diálogo que se exponen aquí, y en los capítulos que siguen, son las palabras más importantes de este libro. Su importancia radica en que tú y tu familia los pueden usar para intensificar la unión y la alegría que poseen y convertirse en personas más cristianas y católicas. Esto no se consigue con sólo leer un libro. Pero se puede empezar escribiendo un libro propio. ¡Usen estas palabras para escribirlo! Les podrá tomar semanas, quizás meses. Pero si se comprometen a hacerlo, habrán creado un tesoro familiar. Puedes comprar un libro de recuerdos para guardar este tesoro.

Hagan de éste un libro de su familia. Que todos los que pueden escribir lo hagan. (Los niños que todavía no saben escribir pueden dibujar y algunos quizás quieran dibujar y escribir). Después que escriban y dibujen, compartan las respuestas. Todos deben tener una oportunidad de hablar y los demás deben escuchar con atención. Nunca discutan. Traten de entender y sentir lo que cada miembro comparte con el grupo. Diviértanse cada vez que se reúnan a compartir sus pensamientos y sentimientos. Coman y beban juntos: el Reino de Dios está en medio de ustedes.

Como quiera que lo hagan, es una buena idea tener por lo menos una sesión a la semana. Cada vez que se reúnan, que un miembro lea un capítulo en voz alta y sólo contesten cuatro o cinco preguntas. Otra posibilidad es la de discutir un capítulo por dos o tres semanas para poder contestar todas las preguntas. Algunas de las preguntas que encontrarán no son para que todos los miembros de la familia las contesten. Por ejemplo, los capítulos para los cónyuges (especialmente el capítulo 4) no son para los niños. Usen preguntas que sean adecuadas para todos cuando se reúna la familia. Pueden simplificar algunas preguntas para los niños más jóvenes o escribir sus propias preguntas de vez en cuando.

No boten los papeles, al contrario, guárdenlos, pongan la fecha de la sesión en cada uno y pónganlos en el libro de recuerdos. Si alguna vez escriben este libro de nuevo, tendrán el de la primera vez para comparar. Si no vuelven a escribir el libro, por lo menos tendrán uno para compartir con las generaciones del futuro.

1. El recuerdo más lindo que tengo de mi infancia es... (Descríbelo lo mejor posible con lujo de detalles).
2. Lo que más aprecio de mi familia es... (Describe cómo te sientes y cuán diferente sería tu vida sin esto.)
3. La última vez que sentí la paz y la alegría del Reino de Dios aquí en casa fue cuando... (Describe lo que pasó y cómo te sentiste).
4. Cuando pienso que el Padre llama a cada miembro de esta familia a entrar en comunión con él, siento...
5. Cuando pienso que el reino de Dios está aquí mismo en esta familia, me doy cuenta de...
6. Lo que nos ayuda a ser una verdadera familia es cuando hacemos...

2
LLAMADOS A SER EL CUERPO DE CRISTO

[CIC 764–766]

La experiencia de Pablo en Damasco

Los capítulos 9, 22 y 26 de los Hechos de los Apóstoles nos cuentan la historia de un hombre llamado Saulo. Él iba hacia Damasco a capturar a algunos miembros del *Camino*. *El Camino* era una organización de hombres y mujeres judíos que veneraban a un judío ya muerto llamado Jesús de Nazaret. Cuando Saulo estaba cerca de Damasco, de repente lo rodeó una luz y Saulo cayó al suelo y oyó una voz que le decía:

"Saulo, Saulo, ¿por qué me persigues?" Saulo preguntó: "¿Quién eres, Señor?" Y la voz dijo: "Yo soy Jesús, a quien tú persigues…" Saulo quedó ciego después de esta experiencia y lo tuvieron que llevar de la mano hacia Damasco a casa de un miembro del Camino. Él pasó tres días ciego y sin comer o tomar nada. Entonces, un hombre llamado Ananías le impuso las manos a Saulo. Inmediatamente Saulo se llenó del Espíritu Santo y recobró la vista. Saulo se bautizó, comió y recobró sus fuerzas.

Desde ese momento Saulo empezó a predicar, escribir, viajar, cumplió sentencias en algunas prisiones y fue golpeado—algunas veces hasta fue dado por muerto. Al final de su vida, Saulo había dado testimonio del Camino por casi todo el cercano oriente. Todo lo que Pablo dijo o hizo después de que tuvo esta experiencia fue el producto de la misma. Durante los tres días que pasó ciego y por el resto de su vida, la voz que Pablo había oído volvía como un eco: "Yo soy Jesús, a quien tú persigues...." Las personas que Pablo había capturado y mandado a prisión eran de algún modo Jesús. Esa era la verdad que había sido revelada en las palabras: "¿Por qué me persigues?"

Pero eso no era todo. Si Jesús era uno con sus seguidores, entonces no estaba muerto sino vivo. Jesús estaba vivo en ellos y estaba en todas partes. Él podía intervenir en la vida de una persona en cualquier momento y lugar. Él vive. ¡ÉL VIVE!

Nosotros también estamos llamados a Damasco.

En 1964, un año después de su elección, el papa Pablo VI escribió la encíclica titulada *Ecclesiam Suam*. En esa carta el Papa citó a San Agustín: "...Felicitémonos y seamos agradecidos. No sólo por haber sido hechos cristianos, sino Cristo. *Hemos llegado a ser Cristo*. Porque si él es la cabeza, nosotros somos los miembros. Todo el hombre es él, y nosotros".

Este eco hace que pasemos por alto todos los cambios de este siglo. Nos lleva más allá de la superficie al mismo corazón del cristianismo: *Jesús vive... nosotros somos su cuerpo... debemos alegrarnos.*

Uno de los problemas de hoy, como dijeron los obispos reunidos en la ciudad de Puebla en enero del 1979, "es el de los cambios en la Iglesia. Al avanzar por la historia, la Iglesia necesariamente cambia, pero ciertamente tan sólo en lo exterior y accidental. El problema de los cambios ha hecho sufrir a muchos cristianos que han visto derrumbarse una forma de vivir la Iglesia que creían eterna. Es importante ayudarlos a distinguir entre los elementos divinos y humanos de la Iglesia. Cristo, en cuanto Hijo de Dios, permaneció siempre idéntico a sí mismo. Pero en su aspecto humano fue cambiando sin cesar; de porte, de rostro, de aspecto. Igual sucede con la Iglesia" (*Puebla*, 163).

Estos cambios pueden ser comprendidos si pedimos orientación a la misma Iglesia. Pues la Iglesia busca la verdad, a la luz de la fe.

En su exhortación *Familiaris Consortio,* el papa Juan Pablo II nos recordaba que el hombre y la mujer de hoy día buscan una respuesta a los problemas diarios de su vida familiar y matrimonial. Pero hay una subcultura que les ofrece perspectivas seductoras, que frecuentemente comprometen la verdad de la dignidad humana. La Iglesia ha hecho un discernimiento de ese contexto, de esa subcultura que milita contra los valores del evangelio. Pero lo ha hecho desde la fe. La Iglesia busca la verdad, que no siempre coincide con lo más fácil, ni con la opinión de la mayoría. Escucha a la conciencia y no al poder.

Estos ecos nos piden un cambio. Tenemos que eliminar cualquier actitud que nos separa de este cuerpo de Jesús que es todo un mismo cuerpo. Por ejemplo:

¿Tienes algún recuerdo desagradable de la Iglesia del pasado que te impide participar de lleno hoy día? Si este es el caso, piensa en esto: Jesús vive hoy en su cuerpo. La Iglesia es el presente, no el pasado.

¿Dejas que las enseñanzas, reglas o prácticas en la Iglesia te impidan amar a la Iglesia? Si así es, piensa en esto: nosotros, no las cosas, somos el cuerpo de Jesús. Para ser un cuerpo completo te necesitamos. No dejes que las cosas te aparten de nosotros.

¿Dejas que un mal sentimiento en contra de uno de los miembros de la Iglesia te impida vivir una vida activa en el cuerpo de Jesús? Si este es el caso, piensa en esto: esa persona no es la totalidad del cuerpo, no rechaces el cuerpo de Cristo por causa de ese miembro.

Tu propia familia es
el cuerpo de Cristo

El Concilio Vaticano segundo, en su documento sobre la divina revelación, declaró que la tradición de la Iglesia se desarrolla, que "crece la comprensión de las palabras e instituciones transmitidas" (8).

Un ejemplo de este desarrollo es la manera como el Concilio Vaticano Segundo, describe a la familia, llamándola "una especie de Iglesia doméstica." (Constitución dogmática sobre la Iglesia 11). El papa Pablo VI definió una y otra vez en sus discursos a "la familia como Iglesia". En su carta del 1975 sobre la evangelización, el Papa escribió lo siguiente: "... la familia ha merecido el nombre de 'Iglesia doméstica'. Esto significa que, en cada familia cristiana, deberían reflejarse los diversos aspectos de la Iglesia entera" (71).

En la exhortación *Familiaris Consortio*, el papa Juan Pablo II exhortaba a los fieles a recuperar los valores morales como medio para evangelizar la cultura.

Tenemos que leer los signos de los tiempos, tenemos que ser capaces de descubrir, en medio de este mundo actual, los valores morales más importantes para el ser humano. La Iglesia siente la necesidad de una reflexión y un compromiso profundos para que la cultura emergente sea verdaderamente evangelizada, de modo que se reconozcan los verdaderos valores, se defiendan los derechos del hombre y de la mujer y se promueva la justicia en las estructuras mismas de la sociedad. Es decir, que se recupere la conciencia de la primacía de los valores morales, que son los valores de la persona humana.

Esta verdad nos da una visión de la Iglesia que cambia la realidad entera de nuestra vida familiar. Por ejemplo:

- La Iglesia es el cuerpo visible de Cristo. Como Iglesia, tu familia es el cuerpo visible de Jesucristo.

- La Iglesia está llamada a ser "el sacramento universal de salvación" comunicando el misterio del amor de Dios por la humanidad. Como Iglesia, tu familia tiene esta vocación de revelar el increíble amor de Dios dentro y fuera de tu familia.

Ya que la familia es una comunidad, su participación eclesial debe ser también comunitaria. El amor conyugal y la vida familiar, amor y vida, son el núcleo de la misión de la familia. Esto es especialmente evidente cuando el ejemplo de una familia es capaz de apoyar y ayudar a otras familias, mediante su testimonio de vida y mediante la caridad practicada.

Porque es comunidad de creyentes, la familia es el primer semillero de la fe, comunicada de padres a hijos, y luego comunicada a sus semejantes. Al igual que la Iglesia universal, la iglesia que es cada familia necesita renovarse y formarse en el evangelio [*Familiaris Consortio*. 51, n.6], de manera que pueda renovar su fe y educarse permanentemente en ella. De esa manera, se convierte ella misma en comunidad evangelizadora. Por eso el papa Juan Pablo II insistió desde la Conferencia de Puebla, que los futuros esfuerzos de evangelización para toda la Iglesia están en relación directa con la Iglesia doméstica. La misión evangelizadora de los padres es insustituible.

Tu familia como Iglesia

La naturaleza del cristianismo se ha aclarado con el paso de los años. Quizás pensaste que la "Iglesia" son los obispos, sacerdotes y religiosos, ahora se te dice que la "Iglesia" es tu familia. Tu familia fue siempre Iglesia. Tú siempre tuviste esta vocación de vivir de tal manera que los que te rodean digan: "Quiero formar parte de esto. El amor es algo evidente".

No cabe duda que la familia es la primera formadora en el amor. La familia es la escuela del amor, donde aprendemos a abrirnos a los demás, sin encerronas, sin elitismos, con apertura a todos los hermanos y hermanas que nos rodean. Es en el seno de la familia donde aprendemos lo que es justicia, lo que es servicio a los demás.

La Iglesia es una familia y tu familia es la Iglesia. Tu familia no es perfecta, pero ¿no tenían los mismos problemas las personas en Corinto a las cuales Pablo llamó "santos"? No importa cuán perfecta es la familia. Lo que importa es que:

- Traten de aumentar su fe en la Buena Nueva.
- Traten de ver a Jesús en cada miembro de la familia.
- Atrévanse a llamar a Dios "Abbá", Padre, que ha hecho de tu familia su familia
- Observen que su familia es el cuerpo de Cristo; que lo que le sucede a un miembro afecta a todos.

Tu unión con Jesús se basa en el bautismo, una realidad que te lleva al corazón del misterio de la vida cristiana. Por ejemplo: "¿O acaso no se han dado cuenta que los que fuimos sumergidos por el bautismo en Cristo Jesús fuimos sumergidos con él para participar de su muerte?" (Rom 6:3). Esta unión con su muerte te une a su vida eterna. El bautismo también nos hace "uno solo" en él. (Gál 3:28) Esta realidad merece ser celebrada—algo que se puede hacer en el aniversario del bautismo de cada miembro de la familia. Esta unión es también algo que se debe tener en mente si es que algún miembro de tu familia está bautizado pero no pertenece a la Iglesia católica.

No es de extrañar que la exhortación apostólica *Familiaris Consortio* nos recuerde que la familia es la célula primera y vital de la sociedad, como ya enseñó el Concilio Vaticano II. Es en la familia donde comúnmente se forman los ciudadanos, donde aprenden sus valores sociales, que constituyen la base de la convivencia humana.

Tu familia está íntimamente unida a Jesús. Él vive a través de tu familia e invita a todos al banquete. Él lo hace a través de ti, y lo seguirá haciendo hasta que un día, como escribió San Agustín, "habrá un Cristo amándose a sí mismo". La familia debe guiarse por el amor y, con éste, recibir acogedoramente a los semejantes, mostrándoles respeto y actitud de servicio.

Puntos para la reflexión y el diálogo

1. Cuando pienso que Jesús realmente vive, lo que pienso es...
2. Lo que más me gusta de la Iglesia hoy es...
3. Lo que encuentro más difícil de aceptar hoy en la Iglesia es...
4. Una ilusión que tengo es que la Iglesia...
5. Lo que voy a hacer para que esa ilusión se convierta en una realidad es...
6. El católico que conozco y que más me ayuda a acercarme a Dios es...
7. Cuando me doy cuenta que el amar o herir a cualquier cristiano es amar o herir al cuerpo de Jesús y a Jesús mismo, personalmente quiero...
8. Cuando pienso que nuestra familia es llamada a revelar el amor de Dios aquí en casa y a otros también, lo primero que pienso es...
9. Queremos aumentar la unión familiar que tenemos en Jesús celebrando los aniversarios de nuestros bautismos. Las fechas son...
10. Cuando pienso que lo que le pase a cualquier miembro de nuestra familia le pasa a Jesús, lo que siento es...

3
EL MATRIMONIO:
UN DIÁLOGO PERMANENTE

[CIC 2201–2203]

Desde las primeras páginas del Génesis, podemos ver que la relación recíproca del hombre y de la mujer se expresa de manera más plena en el matrimonio. Es en el matrimonio donde el hombre y la mujer se complementan mutuamente. El libro del Génesis aclara muy bien que la mujer es la compañera adecuada para el hombre, que no es una sirvienta o esclava. Aun después de la caída, hombre y mujer son amados por Dios, quien anuncia a la mujer el triunfo futuro del Mesías.

La comunicación es el corazón del matrimonio

"Te quiero". Siempre es bueno oír estas palabras, especialmente si las dice tu esposo/a, aunque en realidad ocultan mucho más de lo que revelan. Si le dices "te quiero" a tu cónyuge, puedes retroceder hasta el punto de donde provienen las palabras y descubrir una gran cantidad de sentimientos. Lo que vas a encontrar puede asombrarte. Muchas parejas han hecho esta prueba. Ellas han ahondado en su subconsciente y han encontrado sentimientos bien profundos que ni sospechaban que existían todavía. Por ejemplo: "Es curioso como uno puede vivir con alguien por tantos años y no darse cuenta de lo mucho que uno quiere a esa persona". "Te quiero tanto que casi no lo puedo creer". "Siempre he sido tan independiente y me he adentrado mucho en mi trabajo, pero lo que de verdad he querido durante todos estos años es tu amor". "Nunca me di cuenta de lo mucho que significas para mí". "Si me faltaras no sé si podría seguir viviendo".

Estos comentarios no fueron inventados. Son testimonios de parejas que llevan muchos años de casadas y son muy reales. Esta es la clase de comunicación que es la esencia de tu matrimonio porque es toda una experiencia de unidad. Es un acto de amor que engendra un amor muy profundo. La comunicación verbal significa que ustedes verdaderamente se hablan y escuchan. Es más que una discusión. Es más que una conversación y lo opuesto a un debate cuando se trata de exponer puntos y de ganar. Esta clase de comunicación implica escuchar atentamente los sentimientos más que las palabras. Es la revelación de lo más íntimo del ser, especialmente su sentido de unión con el otro.

Los sentimientos negativos surgen aun en los mejores matrimonios. Esto es inevitable por lo complejas que son las personalidades y por lo variadas que son las experiencias de los dos. Muchas parejas se enfrentan a estos sentimientos por medio de la pelea seguida por el silencio. Otras se encierran en un periódico o en el trabajo o en la televisión y no le dan paso al cónyuge. ¿Cómo se puede evitar la falta total de comunicación? Al escoger deliberadamente el diálogo. El diálogo sobrepasa los sentimientos negativos y es la respuesta a la sensación de separación que puede ser que sientas de vez en cuando.

Las normas para el diálogo del papa Pablo VI

Las normas para el diálogo que el papa Pablo VI ofreció en su encíclica *Ecclesiam Suam* se pueden usar en muchas situaciones, incluso entre los cónyuges. El Papa dijo que las características de este método son:

1. TEN CLARIDAD

"La claridad ante todo. El diálogo supone y exige capacidad de comprensión" (75). Un punto importante que se relaciona con esto es la preparación. Tú no puedes decir "hablemos" y esperar un diálogo al instante. Si quieres compartir de verdad escoge el momento adecuado, cuando haya calma y tranquilidad. Pónganse de acuerdo de antemano. Si tú te lanzas al diálogo y empiezas a hablar de un tema delicado puede que reine la confusión porque tu cónyuge no está preparado/a. Dense tiempo para poder preguntar ¿por qué quieres dialogar? ¿para discutir y convencer, o para profundizar la unión? Estas dos cosas son muy diferentes. Si quieres dialogar, prepárate para expresarte con claridad y para que seas específico/a. Evita usar palabras como "siempre" y "nunca". Prepárate para escuchar y comprender al cónyuge con la mayor claridad posible.

2. TEN RESPETO

"Otra característica es, además, la mansedumbre, la que Cristo nos propuso aprender de él mismo: 'aprendan de mí que soy paciente de corazón y humilde' (Mt 11:29). El diálogo no es orgulloso, no es hiriente, no es ofensivo" (75). Algunas veces tus sentimientos te empujan a que "pelees". No lo hagas. Si tienes una queja de alguien, no te desahogues con tu cónyuge. Si tienes una queja de tu cónyuge, esto es diferente. Tu primer impulso es el de cambiar la actitud que él/ella tiene o su comportamiento. Las peleas nunca causan un verdadero cambio en las actitudes. Jamás puedes forzar a alguien a que sea como tú o como tú quieras. La clave es el amor. El poder de este amor puede conseguir lo que las peleas no pueden: cambiarlos a los dos.

Otro caso es cuando el desdén o la arrogancia salen a la superficie. Estás "escuchando" y piensas: "Esto ya lo he oído cien veces". Como ya lo has oído, cierras tu mente y se acabó el diálogo. Trata de ser paciente. La persona que amas está tratando de expresar algo personal que puede que no hayas oído realmente cien veces ya. Escucha con paciencia porque entonces oirás lo que usualmente no oyes.

3. TEN CONFIANZA

"La confianza, tanto en el valor de la palabra propia cuanto en la actitud para aceptarla por parte del interlocutor promueve la confianza y la amistad, entrelaza a los espíritus en la mutua adhesión a un bien que excluye todo fin egoísta" (75). La confianza es la clave. Tienes que confiar en ti mismo/a, confiar en que el "yo" que revelas es aún más digno de amor que el yo que quisieras ser o que crees que tu cónyuge quiere que seas. Tienes que confiar en tu cónyuge, confiar en que él o ella está listo/a para aceptarte. Tienes que confiar como confía un niño que sabe que es amado, como un bebé que sabe que no lo van a dejar caer y hacerse daño. Tienes que deshacerte de lo que en ti teme el rechazo y el ser herido/a. Ponte en las manos de tu cónyuge sin reservas.

La falta de confianza es como una muralla invisible. Mientras esté entre ustedes se podrán ver, pero no podrán tener verdadero contacto personal. Se ayudan a derribar esta muralla cuando dicen "te quiero" y revelan los sentimientos profundos que esas palabras contienen.

4. TEN PRUDENCIA

"La prudencia… finalmente… se afana por conocer la sensibilidad del interlocutor y por modificar racionalmente a uno mismo y las formas de la propia presentación para no resultarle a aquél molesto/a e incomprensible" (75). El diálogo no produce frutos si se deja que los sentimientos negativos nos controlen. El buen diálogo necesita un juicio razonable. Si sabes o sospechas que si dices esto o aquello vas a herir a tu cónyuge, no lo digas.

Puede ser beneficioso expresar un sentimiento negativo producido por algo que pasó hoy, pero debes estar seguro/a de que sólo expresas el sentimiento. Si te concentras en la persona y no en el sentimiento, ésta se puede sentir acusada o atacada. Por ejemplo, puede ser beneficioso decir algo como: "Me sentí enojado/a cuando no me llamaste hoy a las cinco". Pero no es beneficioso decir: "¿Por qué no me llamaste a las cinco como habíamos acordado?" Una vez que se critica, la muralla invisible se levanta y se pierde el contacto. Pon el énfasis en tus sentimientos, no en lo que el cónyuge dijo o hizo.

Cuando se trata de buenos recuerdos puedes ahondar en el pasado cuanto gustes, pero no toques los malos recuerdos. No vuelvas al ayer para buscar algo no placentero. (Hay procesos terapéuticos que ayudan con los malos recuerdos. El diálogo que se menciona aquí es otra cosa). El diálogo somos tú y yo ahora: como me siento, como me veo a mí, a ti y a nosotros en este momento. Si mantienes el enfoque adecuado con las actitudes recomendadas por el papa Pablo VI, tu diálogo va a ser provechoso.

Antes de hablar, escucha

En *Ecclesiam Suam*, el papa Pablo VI observa algo sobre el diálogo en lo que merece la pena hacer énfasis. Él dice: "Es necesario, lo primero de todo, hablar, escuchar la voz, más aún, el corazón del hombre" (80). El corazón, ese es el centro del verdadero diálogo. Escuchar significa estar consciente de una persona, de los sentimientos al igual que las palabras.

Para escuchar a la persona en su totalidad necesitas atención total. Tienes que sacar de tu mente el pasado y el futuro—lo que pasó hace una hora, lo que vas a hacer dentro de una hora. Antes de hablar... escucha. Ten cuidado de que no estés pensando en lo que quieres decir cuando te toque hablar, en vez de prestar atención a lo que tu cónyuge está diciendo.

Pon atención a todo. Mira a tu cónyuge. Mantente cerca físicamente, no en el otro extremo de la habitación o al otro lado de la mesa. Fíjate en las expresiones faciales y en los ojos de tu cónyuge. Estos te pueden revelar tanto como pueden revelar las palabras. Fíjate en la posición de las manos, de los pies y en el cuerpo entero de tu cónyuge.

Pon atención especial al tono de voz. Las palabras comunican ideas. El tono de voz te comunica los sentimientos. Los sentimientos son como las ventanas que nos muestran el mundo interior de una persona. El tono de voz de tu cónyuge te puede revelar ese mundo. Superficialmente las palabras te están revelando una serie de ideas, pero en un nivel más profundo, la voz de tu cónyuge te puede decir mucho más. El escuchar no es algo pasivo. Toma mucha concentración el dar una atención total. Cuando prestas esta atención le estás comunicando a tu cónyuge: "De verdad me intereso por ti. Quiero recibir todo lo que me quieres dar en este momento". Este mensaje derriba la muralla y ayuda a la persona que habla a confiar y a revelarse. El escuchar es un acto de amor que crea una relación.

Ustedes tienen el poder de aumentar la capacidad de amar y de aceptar el amor del otro cónyuge. Esto sucede cuando realmente dialogan. Ustedes dan libertad al amor creativo de Dios que les permite, a ustedes y después a otros, experimentar el banquete que ya comenzó. El Reino de Dios esta en medio de ustedes. Esto se pone en evidencia cuando dialogan.

Puntos para la reflexión y el diálogo

Este capítulo es para los cónyuges. Por favor, juntos, usen los puntos para el diálogo porque así es como de verdad van a poner en práctica lo que se ha discutido en este capítulo. Una de las razones principales por la cual no están más unidas algunas parejas es porque no se dan cuenta de lo unidas que están. Esta es una oportunidad para que ustedes se den cuenta de eso y para profundizar en su amor de pareja.

Al igual que en los otros capítulos, no cubran todos los puntos a la vez. Lo mejor es tomar un punto al día por varios días, escribiendo y leyendo sus contestaciones y entonces comentándolas. Escojan el momento y el lugar y háganlo. Si nunca antes han hecho algo como esto, prepárense para tener una sorpresa. Una vez que lo hagan, comprenderán mejor lo que "el Reino en medio de ustedes" puede significar.

1. Cuando pienso en todo lo que has hecho por mí, lo que más se destaca en mi mente es... (Comparte el sentimiento que esto evoca en ti).
2. Cuando pienso que algunas parejas pasan 10 años o más queriéndose sin de verdad expresar ese amor, quiero decirte...
3. Cuando digo "te quiero", parte de lo que quiero decir es...
4. Cuando te hablo y siento que de verdad tratas de comprenderme, lo que siento es...
5. Cuando pienso en el hecho de que me amas tal y como soy, siento... (Comparte tanto los sentimientos relacionados contigo como los relacionados con tu cónyuge).
6. Cuando me miras a los ojos, siento...
7. Cuando miramos las fotos o los retratos de nuestra boda, siento...
8. Cuando aceptaste el regalito que te acabo de comprar (o de hacer) sentí...
9. Cuando acepté este regalito que me acabaste de dar (o de hacer) sentí...
10. Alguien escribió: Decir "te quiero" es decir "nunca morirás". Cuando pienso en ti, esto significa...

4
LLAMADOS A LA
INTIMIDAD CONYUGAL
[CIC 2360-2372]

El jardín de la intimidad

La historia de Adán y Eva, en el libro del Génesis, se desarrolla en un jardín. Después de la separación de Dios y de la expulsión del jardín, el hombre y la mujer se quedaron solos. La felicidad, de ahora en adelante, debe ser el producto de su vida matrimonial.

La mayoría de los cónyuges pueden apreciar esta historia. Su mundo no es un "jardín." Al convertirse en "una sola carne" ustedes trabajan juntos, no sólo para conseguir lo material, sino la felicidad. Se tienen y saben que el único "jardín" que poseen es la vida que comparten. El tiempo pasa, vienen los hijos y se van a formar sus propios "jardines". Lo que les queda es el centro de su mundo: Dios y ustedes, y finalmente... Dios.

Su jardín de intimidad es el corazón de su vida de casados y en el centro de ese jardín está su experiencia de ser "una sola carne". Es obvio que en ese jardín el respeto por la dignidad, tanto del hombre como de la mujer, es un requisito. El valor de esta experiencia no se puede exagerar, porque cuando es una expresión de amor personal crea un amor más profundo. El Concilio Vaticano Segundo dijo: "Este amor se expresa y perfecciona singularmente con la acción propia del matrimonio" (*Constitución pastoral sobre la Iglesia en el mundo actual*, 49). Hoy día, cuando se acentúan los derechos de las personas y se insiste en terminar con la violencia doméstica, es importante hacer un compromiso con la dignidad y la promoción de la mujer y del hombre.

En el contexto actual, la reflexión teológica nos ha llevado a considerar el papel protagónico de la mujer. Históricamente, ella ha quedado relegada con respecto al hombre. Cristo no pensaba así. Él rechaza todo lo que denigra la dignidad de la mujer. De hecho, según el testimonio de muchas mujeres, al encontrarse con el mensaje de Jesús se han descubierto a sí mismas, sintiéndose amadas por un "amor eterno" que rebasa toda consideración de menosprecio a la mujer.

La comunicación es el secreto

Tu vida sexual puede ahondar la intimidad personal. Pero ustedes profundizan su intimidad personal por medio del sexo solamente cuando esa expresión sexual comunica la intimidad personal que ya existe. Si el sexo es algo impersonal, entonces no ayuda a profundizar en el matrimonio.

Existen dos secretos para hacer que el sexo sea una expresión de intimidad personal. El primer secreto es recordar que todo en la relación conyugal influye en la comunicación sexual. Esto significa que antes de la comunicación sexual tiene que haber tiempo para la comunicación personal. Si esto no sucede así, entonces deben dedicarle tiempo al diálogo personal antes de tener relaciones sexuales. La intimidad engendra más intimidad. La falta de comunicación engendra la falta de actividad sexual, el sexo impersonal, o el sexo que no expresa el amor que ustedes se tienen.

El segundo secreto tiene que ver con el tiempo que se dedican antes, durante y después del acto sexual, con la capacidad de expresarse de manera que el otro cónyuge entienda y aprecie. Traten de compartir con toda la confianza y ternura que poseen en un momento dado. Muestren ternura, confianza, prudencia y atención para facilitar el diálogo. Si no se comunican el amor con palabras, entonces la comunicación sexual no tendrá la plenitud de la intimidad personal que ésta pudiera tener. Cuando se trata de los niveles humano, espiritual y sacramental del amor sexual, la comunicación personal puede ser el punto clave.

Mitos acerca del sexo
y problemas reales

La sexualidad es una realidad multidimensional, porque incluye lo fisiológico, lo espiritual, lo social y lo psicológico. La persona humana es una persona sexual, marcada por la sexualidad de tal manera, que ésta define mucho de los datos primordiales de la persona. En la sexualidad radican muchas notas características de lo que uno es como hombre o mujer. Eso repercute en la evolución individual, de tal manera que lo psicológico, lo biológico y lo espiritual están fuertemente implicados en la sexualidad. Nadie vive como ser asexual. Todos tenemos una identidad. Y eso forma parte de nuestra definición como personas en la comunidad.

La sexualidad es una parte muy profunda del misterio humano—tan profunda que cada civilización ha usado imágenes y mitos sexuales para explicar este misterio. En cambio, también existen mitos sexuales que son muy superficiales. Cuando las personas creen estos mitos superficiales, el sexo se deshumaniza y las relaciones personales se destruyen. Uno de estos mitos es que debes tener algunos trucos mecánicos y lograr el éxito en cuanto al sexo, siguiendo las modas de hoy. Simplemente no es un requisito que seas joven, que mantengas el cuerpo de un atleta y que seas una maravilla para que sientas una intimidad sexual profunda y continua. No hay necesidad de comparar tu situación personal con la de otros o con las últimas novedades sobre el sexo.

Las personas que de verdad conocen este tema nos aconsejan lo contrario. El Dr. James J. Rue, Ph.D., afirma que cada cónyuge es único cuando hablamos de necesidades sexuales y la satisfacción. Ningún molde es para todos los cónyuges. Esto quiere decir que la comparación con otras parejas no es beneficiosa; que no hay que llevar cuenta de la frecuencia del sexo (cuántas veces a la semana o al mes). No hay una ley que indique cuánto debe durar el proceso de estimulación o "preparación amorosa." No hay leyes que dictan posiciones, o a qué hora del día o de la noche se deben tener las relaciones sexuales. El sexo es una expresión personal y cada pareja es única. El sexo puede ser una expresión de la intimidad personal de las parejas siempre y cuando tengan libertad para decidir la frecuencia, la posición, etc.

El amor es el don de Dios que nos guía en nuestra configuración personal. El amor se expresa de muchas maneras, en lo biológico, lo psicológico y lo espiritual. El cuerpo es símbolo del ser humano y está muy implicado en la expresión de nuestra humanidad. La sexualidad mira al núcleo central de la persona, y le ayuda a definirse como donación mutua y responsable durante toda la vida.

Otro mito acerca del sexo es que solamente es algo para mi satisfacción personal. El placer es parte íntegra de la satisfacción sexual; pero el placer producido por el sexo es una paradoja. Si buscamos el placer sólo por placer entonces es algo transitorio. Si buscamos el placer para conseguir una unión más profunda entonces satisface de manera duradera.

En su jardín de intimidad, ustedes son "una sola carne", un solo cuerpo. Su intimidad sexual es una expresión básica del matrimonio, sacramento personal que mantiene y profundiza la unión de su familia en Jesús.

Los problemas sexuales necesitan comunicación

Las parejas a veces sufren de problemas físicos relacionados con el sexo. Dos problemas comunes que sufren algunos esposos, por ejemplo, son la impotencia temporal (la falta de habilidad para mantener una erección el tiempo suficiente para la penetración), y la eyaculación prematura. Dos problemas comunes que sufren algunas esposas son la frigidez y la falta del orgasmo.

Estos problemas pueden tener varias causas. La tensión nerviosa o la falta de buena salud, por ejemplo, pueden causar la impotencia temporal. El miedo de no ser un buen amante, la falta de aseo personal, o la falta de sensibilidad del esposo pueden causar la frigidez y la falta del orgasmo. En casi todos estos casos el problema tiene un factor común: el problema es causado por los dos cónyuges. Así mismo, la solución tiene que ser alcanzada por los dos. Las maneras más comunes de prolongar o agravar estos problemas son: ignorarlos, guardar quejas sin expresarlas, y expresar hostilidad o resentimiento. Lo que se necesita es el diálogo, una comunicación llena de confianza y sin reservas. Este no es el momento de pelear o guardar quejas; es el momento de amarse. Sin la comunicación personal en casos como estos no habrá intimidad física.

Este es también el momento para tener sentido común y humildad. Esto quiere decir que si hay necesidad, por ejemplo, en caso de la falta de la salud, se debe acudir a un médico. Puede ser que haya que acudir a un consejero, por ejemplo, en el caso de eyaculación prematura para ayudar a los cónyuges a estar mejor sincronizados. El buscar ayuda es una expresión de amor por Cristo y su cuerpo porque un problema en el área de la intimidad física puede afectar la intimidad personal—y esto nos afecta a todos—.

Buenas noticias para la intimidad: planeación natural de la familia

Millones de católicos leyeron *Humanae Vitae*, la encíclica de 1968 en la que el papa Pablo VI rechazó los métodos artificiales de evitar la procreación. Desde entonces los teólogos y los científicos han progresado muchísimo hacia la "visión positiva del hombre en su totalidad y de su vocación" presentada por el Papa. Una gran contribución para la realización de esta visión son los adelantos científicos en el campo de la planeación natural de la familia (PNF).

El interés en este método (PNF) se extiende por el mundo entero. Muchas mujeres le temen a la píldora anticonceptiva y a otros métodos artificiales de controlar la natalidad. Al surgir un desencanto con los métodos artificiales se ha aumentado el nivel de investigación y ha surgido el PNF, el cual se ha ido perfeccionando. Lo que propone la PNF es algo seguro, digno de confianza, inofensivo y que no cuesta nada.

El PNF es mucho más que una solución al problema del control de la natalidad. Uno de los valores del PNF es que mejora la calidad de la vida familiar. Al chequear el ciclo mensual y decidir lo que van a hacer, las parejas comentan que su comunicación mejora. La mejoría del diálogo y un mayor interés en el área del sexo van unidos. Las parejas que ya no usan los métodos artificiales comentan cosas como: "Ahora mi esposo consulta conmigo y se interesa por mí"; o bien, "Mi esposa tiene interés otra vez; ella reacciona igual que cuando nos casamos".

El jardín de intimidad que ustedes comparten en su matrimonio es donde sienten el reino de la paz y la alegría del Espíritu Santo. Es por la experiencia de ser "una sola carne" que su amor matrimonial da vida al resto del cuerpo de Cristo, y esto comienza en su propia familia.

Puntos para la reflexión y el diálogo

Estas preguntas les dan otra buena oportunidad de profundizar en su unión personal. También puede ayudarlos a renovar su comunicación sexual. Aprovechen la oportunidad. Descubran algo nuevo en su jardín de intimidad al contestarlas juntos.

1. Cuando considero que somos "una sola carne", compartiendo todo en la vida, puedo ver...
2. Observando nuestro matrimonio como un jardín de intimidad para los dos junto con Dios, me doy cuenta de...
3. Algo que hacemos a diario que hace que me sienta bien cerca de ti es...
4. La cualidad que posees y que hace que nuestro amor sexual sea una verdadera experiencia de amor es...
5. Me puedes ayudar a comunicarme mejor contigo cuando nos hacemos el amor de esta manera...
6. Quiero saber más detalles del PNF porque...
7. Una de las cosas que haces, que me demuestra que significo todo para ti, es...
8. Cuando entiendo la igual dignidad del hombre y de la mujer, pienso...

5
LLAMADOS A ESCUCHAR Y REZAR JUNTOS EN FAMILIA

[CIC 2650–2719]

Escuchar a través de las Sagradas Escrituras

Tú vives con personas que necesitan que les escuches con tu corazón. Y tú vives con un Dios que desea que escuches su corazón. Dios te llama a través de las palabras de las Escrituras. En las palabras del Concilio Vaticano Segundo, él extiende una invitación "movido de amor... para recibirlos en su compañía". Su mayor deseo es que le escuches en las Escrituras y que le respondas en oración. El Concilio Vaticano Segundo nos dice: "Recuerden que a la lectura de la Sagrada Escritura debe acompañar la oración..." (*Dei Verbum*, 2 y 25).

Sugerencias para la lectura de las Escrituras en familia

Pocas familias católicas leían y meditaban las Escrituras antes del Concilio Vaticano Segundo. Si tu familia nunca las ha leído y meditado, mira estas sugerencias y decide si puedes usarlas. Si tu familia lee y medita las Escrituras, estas sugerencias pueden darte algunas ideas nuevas:

•   Lean y mediten las Escrituras regularmente. El tiempo que se dedica varía con cada familia. Escojan cuándo van a hacerlo y sean fieles a su decisión.

- Para las familias que tienen niños pequeños, la hora de acostarlos puede que sea el momento ideal para leerles un pasaje del evangelio. Antes de la comida también es un buen momento para esto. Después de la lectura, la oración antes de la comida puede ser basada en lo que nuestro Señor les dijo en las Escrituras.
- Es provechoso tener una sesión a la semana que dure más tiempo. Los sábados o domingos son días buenos. Cuando escojan el día y la hora más convenientes para ustedes, considérenlos sagrados porque han decidido reunirse para amarse y compartir la Palabra de Dios.
- Permítanle a los niños que hagan todo lo que puedan durante las sesiones porque así se interesarán y participarán. Deben apreciar cualquier cosa que ellos hagan. Busquen que las sesiones sean placenteras para ellos. Cuando los niños sean mayores se acordarán de las sesiones y el recuerdo tendrá un impacto en su relación con ustedes, con el resto de la familia y con Dios. Algunos materiales bíblicos para niños pueden ayudar.
- Aprendan de memoria algunas frases o pasajes favoritos. Pueden hacer de esto algo agradable si se organizan concursos y se dan premios.
- La oración debe ser parte de toda sesión bíblica. Después de leer y compartir los pensamientos que la lectura ha inspirado, cada miembro de la familia debe tener una oportunidad de hablarle a Cristo o al Padre o al Espíritu Santo. En los momentos cuando rezamos en silencio también le damos una oportunidad a Dios para que él nos hable a nosotros. Es bueno que los padres recuerden que estos momentos son para la oración, no para darle un sermón a los hijos. Aparte de la lectura en familia de la Sagrada Escritura, es necesario formar a los hijos en la conciencia de sus deberes sociales y de justicia.

Un esquema para estas sesiones bíblicas

Un esquema que pueden seguir en las sesiones bíblicas es el siguiente:

1. Recordar la presencia de Jesús: "Donde hay dos o tres reunidos en mi nombre, yo estoy ahí en medio de ellos" (Mateo 18:20).
2. Uno de los miembros de la familia lee el pasaje bíblico que se ha escogido para la sesión. La persona que va a leer es la que escoge el pasaje (a no ser que ustedes quieran cubrir un libro de principio a fin).
3. Después de la lectura tomen cinco minutos para escribir (o dibujar) los pensamientos y sentimientos que la lectura les provocó. (Esto se puede hacer en forma de una carta al Padre, al Hijo o al Espíritu Santo. Es una carta parecida a la "carta de diálogo" que se mencionó en el capítulo 3). Una pregunta que se puede usar para escribir esta carta es: "¿Qué dijo el Señor en este pasaje que puede unir más a nuestra familia?"
4. Ahora todos toman una oportunidad para compartir o bien leyendo o diciendo lo que cada uno escribió o dibujó. Cuando todos han tenido una oportunidad, se pueden tomar unos minutos para comentarios o sugerencias para sesiones futuras. También puede ser que la familia decida hacer algo en grupo antes de la próxima sesión.
5. Si han decidido tener un concurso para aprender algún pasaje de memoria o para tener un juego bíblico o un bocadillo, este es un buen momento para cualquiera de estas actividades.
6. Recen juntos ahora como se recomendó anteriormente.
7. Dense un saludo de paz (un abrazo, un beso). Tómense su tiempo y hablen con todos los miembros de la familia si es posible. ¡Expresen su amor, su alegría, su perdón, porque el reino de Dios está en medio de ustedes!

Escuchar a través de la oración en silencio

La oración en familia puede tomar varias formas. Se pueden usar métodos diferentes como el rosario, tanto en grupo como en privado. Hay que acordarse de que cualquier método de orar, nuevo o viejo, es bueno si te ayuda a acercarte más a Dios. Y si el método no te ayuda, entonces no es bueno para ti.

Al hablar de técnicas o métodos de oración hay que recordar también lo siguiente: toda oración es sobrenatural porque es una respuesta a Dios. Damos esta respuesta porque él nos da la gracia necesaria para darla. Si tu oración es verdadera, entonces es oración sobrenatural sin importar el método o la técnica que uses.

Aquí se ofrecen dos métodos de oración privada. Estos métodos también se pueden incorporar a la oración en familia.

Un método simple de oración: oración centrante

La "oración centrante" es una forma de oración que nos llega de un libro católico del siglo catorce. Estos son los pasos a seguir:

1. Busca un lugar tranquilo, siéntate cómodo/a y cierra los ojos. Relaja todos tus músculos lo más que puedas. Relaja tu mente y disfruta de la calma que sientes.
2. Por unos momentos concéntrate en Dios—el Padre, el Hijo y el Espíritu Santo—presente en el centro de tu ser. Dios es el centro que está en todas partes y que está presente en lo más profundo de tu alma. Concéntrate en ese centro y de verdad experimenta la presencia de Dios allí.
3. Deja que venga una palabra a tu mente (una palabra simple como Dios, Padre, amor, Jesús, Señor, Cristo). Repite la palabra despacio y con calma. Pon toda tu atención y deseo en Dios y deja que la palabra exprese toda la fe, la espe-

ranza, el amor y la alabanza que existe dentro de ti. Si algún pensamiento hace que pierdas la atención, vuelve al centro de nuevo repitiendo la palabra.

4. Cuando estés por terminar la oración, hazlo despacio y con calma. Repite despacio una oración como el Padre nuestro, el Ave María, o el Gloria al Padre y de verdad siente todo lo que la oración te dice.

Más detalles sobre esta forma de oración

Si usas la meditación o "la oración centrante" en privado sería bueno dedicarle por lo menos 20 minutos una vez (y si es posible dos veces) al día. Si usas este método en familia quizás quieras acortar el tiempo un poco. Los niños pequeños pueden usar este método, pero se debe ajustar el tiempo de acuerdo a sus edades. Este método se puede usar cuando llega el momento de rezar en silencio durante la sesión bíblica.

Si ustedes incorporan la oración en silencio a las sesiones bíblicas, experimenten con el tiempo que se le dedica y el lugar que ocupa en la sesión. Se puede orar en silencio después de la lectura de la Escritura. Esto resulta provechoso porque cuando llega el momento de compartir, todos se benefician de lo que Dios le ha revelado en el silencio de su oración.

El teólogo Bernardo Lonergan dice que existe una "palabra interior" y una "palabra exterior" en la relación que tienes con Dios. La palabra exterior es el significado que obtienes cuando entiendes las Escrituras. Al leer u oír las Escrituras también te puede llegar una "palabra interior", la palabra que Dios habla a tu corazón. Jesús se refirió a esta palabra cuando dijo: "Feliz eres, Simón, porque eso no te lo enseñó la carne ni la sangre, sino mi Padre que está en los cielos" (Mateo 16:17).

Recibir esta palabra interior es algo que no está en tu poder.

Viene por medio de la gracia y es la experiencia del Reino. Puedes prepararte para recibirla si escuchas fielmente a Dios. Oír la palabra interior es algo así como oír lo que una persona dice con el corazón y no con las palabras. Esta palabra viene del corazón de Dios a tu corazón.

San Agustín dijo: "Nuestros corazones no estarán en paz, Señor, hasta que no descansen en ti". Cuando escuchan a Dios y se escuchan los unos a los otros con amor, sus corazones rebosarán.

Puntos para la reflexión y el diálogo

1. Cuando pienso que Dios me ama y me invita a acercarme a Él, procuro...
2. La razón principal por la cual no le he dedicado más tiempo a la Sagrada Escritura es...
3. Quiero hacer de la Sagrada Escritura algo habitual en mí vida porque...
4. Decidimos leer en familia las Escrituras... (Escribe el día y la hora).
5. Escogimos este pasaje para nuestra próxima sesión bíblica...
6. El pasaje que cada uno de nosotros va a aprender de memoria para nuestra próxima sesión bíblica es... (Escribe el pasaje que cada uno de los miembros de la familia escogió).
7. La mayor gracia que creo que recibimos en la última sesión bíblica fue...
8. Lo que quiero hacer en nuestra próxima sesión bíblica para ayudar a nuestra familia a beneficiarse es...
9. El método de oración privada que más me ayuda a acercarme a Dios es...
10. Como resultado de nuestra experiencia con la oración privada, nosotros... (Trate de ser específico/a.)
11. La mayor gracia que he recibido al escuchar a Dios por medio

de las Escrituras es...

12. La mayor gracia que he recibido al escuchar a mi familia cuando comparte su experiencia de Dios es...

13. Por haber tenido esta experiencia con mi familia, me doy cuenta de...

14. Por haber tenido esta experiencia con mi familia, he decidido que...

6

LLAMADOS A PERDONARNOS EN FAMILIA

[CIC 2838–2845]

Caminemos en familia hacia el perdón

"Yo soy Jesús, a quien tú persigues"... persigues... persigues... "¿Por qué me persigues?". Estas palabras hicieron eco en la memoria de Pablo hasta que murió. El significado de las palabras se aclaró tanto que por fin Pablo escribió: "Cuando uno sufre, todos los demás sufren con él, y cuando recibe honor, todos se alegran con él" (1 Cor 12:26). Esto cobra importancia porque "la realidad de la familia no es ya uniforme pues en cada familia influyen de manera diferente, independientemente de la clase social, factores ligados al cambio, a saber: factores sociológicos (injusticia social), culturales (calidad de vida), políticos (dominación y manipulación), económicos (salarios, desempleo), religiosos (influencia secularista), entre muchos otros". (*Puebla*, 420)

Por ser una familia con Cristo en el centro, ustedes son llamados a la reconciliación cuando hacen sufrir a algún miembro. Son llamados a usar el poder que poseen—el poder de compartir su perdón—. Cuando se reúnen y son sanados por ese perdón están recibiendo una de las gracias más maravillosas que poseen. Mientras más usen ese don, más sentirán el amor de Cristo y harán de su presencia una realidad en su familia.

Enfoquemos las relaciones familiares

El amor entre el hombre y la mujer es un amor esponsal, que refleja el amor de Cristo por su Iglesia. El amor de Cristo por la Iglesia reviste varias características muy importantes: es fiel, es entregado, no escatima esfuerzos por lograr el bienestar del otro... El texto de la Carta a los Efesios confirma esa verdad. La analogía de Cristo como esposo y la Iglesia como esposa tiene raíces en el Antiguo Testamento, donde el amor de Yahvé por su pueblo se reviste de amor esponsal: "Porque los montes se correrán y las colinas se moverán más mi amor de tu lado no se apartará y mi alianza de paz no se moverá" (Isaías 54: 4-8; 10). El amor esponsal supone una relación de fidelidad mutua, una promesa de afecto y apoyo.

Las próximas páginas contienen una lista de puntos positivos y negativos. Puede que reconozcas que algunos aparecen de vez en cuando en tu familia. Los puntos positivos (a la izquierda) fortalecen la unidad familiar porque profundizan la unión y la alegría. Los puntos negativos (a la derecha) debilitan la unidad familiar porque causan sufrimiento y desunión.

Esta lista puede usarse de varias maneras. Puedes usarla tal y como es o puedes usarla como base para escribir tu propia lista (y puede que esto sea mejor). La tuya seguro que va a incluir los puntos que cubren tu propia vida familiar. Puede que quieras formar dos listas: una para los adultos y los jóvenes, y otra para los niños. Una buena idea es sacar una fotocopia de las listas para que cada uno escriba en ella.

Cuando hagas tu lista, mantén un balance entre los puntos positivos y los negativos. Si usas sólo puntos negativos puedes pensar que no quieres mucho a tu familia y esto no es verdad. Es un hecho que eres amoroso/a, cariñoso/a, pero se te hace más fácil ver los puntos negativos que los positivos. Esto sólo significa que te criticas demasiado.

Usa las listas y piensa en tus relaciones con los miembros de tu familia al escribir (o pensar en) el nombre de un miembro en cada cuadro que selecciones. Escoge los que se relacionan contigo y pasa por alto los que no se relacionan contigo. Aquí tienes un ejemplo de cómo puede que luzca tu papel:

COMPARTIR es lo opuesto al EGOÍSMO	
Compartí...	Fui egoísta...
Cuando ayudé a_____ en casa.	Cuando no ayude a_____ en casa.

Cuando se reúnan y sientan la presencia de Cristo, pídanle a Dios que les dé un espíritu de amor y de perdón. Después, en silencio, cubran la lista, punto por punto. Al terminar encontrarán el próximo paso a seguir.

COMPARTIR es lo opuesto a EGOÍSMO	
Compartí...	Fui egoísta....
Cuando ayudé a _____ en casa.	Cuando no ayudé a_____ en casa.
Cuando le dije a _____ "Seguro, tengo tiempo".	Cuando le dije a_____ "No tengo tiempo".
Cuando le dije a _____ "Puedes usar mis cosas".	Cuando le dije a_____ "No toques mis cosas".
Cuando le dije a _____ "Vamos a hacerlo juntos".	Cuando le dije a_____ "Te toca hacerlo a ti".
Cuando ...	Cuando...

INTERESARSE es lo opuesto a INDIFERENCIA

Tuve interés...	Fui indiferente...
Cuando le presté atención a _____.	Cuando no le presté atención a _____ .
Cuando me importó como se sentía _____.	Cuando no me importó como se sentía _____ .
Cuando no me burlé de _____.	Cuando me burlé de _____ .
Cuando...	Cuando...

RESPETO es lo opuesto a FALTA DE RESPETO

Respeté a...	No respeté a...
Cuando me importó si iba a herir a _____.	Cuando no me importó si iba a herir a _____ .
Cuando le contesté con respeto a _____.	Cuando le contesté mal a _____ .
Cuando no me quejé de _____.	Cuando me quejé de _____ .
Cuando...	Cuando...

EL ELOGIO es lo opuesto a la CRÍTICA

Elogié a...	Critiqué...
_____ por lo que hizo bien.	_____ por lo que no hizo bien.
_____ por acordarse de...	_____ por olvidarse de...
Cuando le dije a _____ "Lo sabes hacer bien".	Cuando le dije a _____ "Nunca haces nada bien".
_____ al aceptar sus ideas.	_____ al menospreciar su ideas.
_____ al decirle algo amable.	_____al decirle "cállate" cuando estaba enojado.
Cuando...	Cuando...

La CONFIANZA es lo opuesto a la DUDA

Confié en...	Dudé de...
_____ al creer en su palabra.	_____ al pensar que me mintió.
_____ al pensar que tenía una buena razón para salir.	_____ al preguntarle siempre "¿A dónde vas ahora?"
Cuando...	Cuando...

La COMPRENSIÓN es lo opuesto al CONTROL

Comprendí a...	Controlé
_____ cuando le di libertad...	_____ lo vigilé constantemente...
_____ cuando le hablé en un tono normal.	_____ le grité.
_____ cuando le pedí perdón.	_____ la/lo acusé.
_____ cuando le compartí sentimientos.	_____ cuando hice algo que le molestó
_____ cuando traté de no herirlo/a.	_____ cuando no me importó cómo se sentía.
Cuando...	Cuando...

El PERDÓN es lo opuesto AL RENCOR

Perdoné o le pedí perdón a...	Mostré rencor a...
	_____ cuando rechacé hablarle.
_____ cuando le dije "luego hablamos".	_____ cuando azoté la puerta.
_____ cuando lo/la traté con ternura.	_____ cuando me negué a llegar a un acuerdo.
_____ cuando dije: "tienes razón, hagamos las paces".	Cuando...
Cuando...	

Cuando hayan completado las listas, lean de nuevo los puntos positivos y denle gracias a Dios por el amor que poseen. Den gracias porque esto prueba que poseen su amor. Después de esto, cada uno puede leer los puntos negativos y pedir perdón. Pídele a Dios que te ayude a pedirle perdón a alguien que mencionaste en uno de los puntos negativos. (Dentro de poco irás a pedirle perdón por un punto negativo a un miembro de tu familia).

Ahora, tómense de las manos y recen el Padre nuestro. A continuación se invita a cada uno a pedir perdón a una persona y puede decirle algo como: "María, fui egoísta contigo cuando te dije que no tenía tiempo para ayudarte a lavar los platos. Por favor, perdóname". Pueden abrazarse o darse un beso en señal del amor que se tienen.

Cuando alguien te pide perdón, puedes decirle algo así: "Luis, yo te perdono y te quiero". Si le quieres pedir perdón a alguien que está hablando con otro miembro de la familia, pídele perdón en otro momento.

Después de que todos los miembros de la familia han pedido perdón y han sido perdonados, reúnanse y hagan una oración para terminar. Si quieren, pueden cantar un canto adecuado al momento.

Hacia el sacramento de la reconciliación

Lo que se ha descrito en la sesión anterior se puede hacer en diez minutos o puede ser parte de una sesión de oración en familia (vean el capítulo 5) que tome más tiempo. Después de que se den cuenta de los beneficios que trae perdonarse en el seno familiar, pueden decidir cuándo lo van a volver a hacer en el futuro. Esto es muy importante, porque si sólo dicen: "Debemos hacer esto otra vez", entonces probablemente no lo harán si no deciden cuándo. Convénzanse de que es algo importante para mejorar la vida familiar y entonces le darán un lugar en su vida.

Por lo menos deben decidir tener una sesión de reconciliación dos veces al año (antes de la Navidad y en Semana Santa). Cuando se tienen estas sesiones en familia antes de ir a confesarse con un sacerdote, el espíritu de contrición y el amor aumentan muchísimo. La gracia del sacramento depende de tu contrición, tu amor a Dios y tu propósito de enmienda. Estas actitudes aumentan cuando experimentamos el amor de Cristo en familia.

La reconciliación en familia no es un sustituto para el sacramento sino un complemento. En la reconciliación en familia ustedes sienten el amor de Cristo, la integración a su cuerpo, y que son Iglesia. En el sacramento de la Reconciliación ustedes experimentan la muestra del perdón de Cristo, la absolución, y la unidad con todos los cristianos, en los cuales Cristo realmente vive.

Puntos para la reflexión y el diálogo

1. Las palabras "Yo soy Jesús. ¿Por qué me persigues?" se refieren a mi familia. Cuando dejo que esta verdad penetre mi conocimiento, me doy cuenta de...
2. "Cuando uno sufre, todos los demás sufren con él". Cuando pienso en mi familia, esto significa...
3. Comparto más con mi familia cuando...
4. Voy a ser más comprensivo/a con (nombre) respecto a... (Escribe algo que puedes hacer.)
5. Aumentaré la paz de Cristo que existe en mi familia al... (Escribe algo que puedes hacer.)
6. Le voy a pedir perdón a... Esto lo voy a hacer de esta manera...
7. Vamos a celebrar la reconciliación en familia... (Escribe exactamente cuándo—día y hora.)

7
LLAMADOS A CELEBRAR EN FAMILIA
[CIC 1324–1405]

La Eucaristía, centro de la vida familiar

Cuando tiramos una piedra al agua podemos ver los círculos que se forman y que van del centro hacia afuera. Vemos el movimiento de los círculos, pero el centro se mantiene. Para los católicos, el centro de la vida cristiana ha sido y será siempre Jesucristo en la Eucaristía. Él es, como dijo el papa Juan Pablo II, "el centro del universo y de la historia". Como Pablo descubrió camino a Damasco, la presencia de Cristo involucra y sobrepasa el espacio y el tiempo. Y podemos reconocerlo "al partir el pan" (Lucas 24:35). En ese partir del pan experimentamos el centro vivo que nos une, su Cuerpo que nos da vida sin límites.

El centro del significado

Tu vida se organiza de muchas formas. Y sin embargo, a pesar de toda esta organización, puede que sientas lo que muchas otras personas: que tu vida no tiene un verdadero centro. Toda la actividad, la competencia, el querer avanzar, todo parece no tener sentido alguno. Cuando estas personas profundizan en su ser encuentran un vacío que les dice: tu vida es un vagar sin rumbo.

Existen muchas personas que no sienten este vacío. Entre ellas se encuentran católicos que nunca han perdido o que han recuperado el centro de su vida, ese Pan vivo que alimenta su alma con significado y unión: "Es en la Eucaristía donde la familia encuentra su plenitud de comunicación y participación" (*Puebla*, 436). La clave del significado y la unión de tu familia es el profundizar o recuperar su centro. Cada día trabajas, te distraes, estudias, comes, duermes. Tu vida puede convertirse en un sinfín de acciones sin sentido. Pero no tiene que ser así. Puedes poner tu atención en el centro y dejar que tu vida de familia vaya hacia él y salga de él.

Conscientemente puedes dejar que ese centro una todos los pedazos sueltos de tu vida y los convierta en una realidad que tiene un valor infinito. Puedes poner tu atención en la Eucaristía de tal manera que se convierta en el "punto fijo", la fuente de vida que permite que tu familia se dé cuenta de las palabras de Pablo: "Uno es el pan y por eso formamos todos un solo cuerpo, porque participamos del mismo pan" (1 Cor 10:17).

Revisemos nuestras comidas en familia

Uno de los mejores medios que existe en el hogar para concentrarnos en la Eucaristía es el convertirla en el centro de atención antes (o después) de las comidas en familia. En algunos hogares existen circunstancias que no permiten que las comidas se parezcan al banquete de paz y alegría del Reino. En otros hogares la familia casi nunca come junta. En situaciones como estas un diálogo que sea paciente y continuo es quizás el mejor modo de comprender lo importante que es participar del mismo pan.

Aunque las circunstancias no sean ideales, es posible comenzar (o terminar) la comida familiar dedicando un momento a Cristo. Este tiempo es parte de la oración antes o después de la comida, pero tiene que ser un momento especial. Es un tiempo en que cada miembro de la familia se concentra en silencio en el Pan vivo. Que este momento sea para profundizar la unión que comparten con Cristo. Si todos se aprenden de memoria las palabras de Pablo (1 Cor 10:17), "Pues si el pan es uno solo y todos compartimos ese único pan, todos formamos un solo cuerpo", y las repiten en silencio antes o después de cada comida en familia, la presencia eucarística se convertirá después de algún tiempo en el punto clave de su mundo.

La Misa del domingo,
comida de la unidad familiar

La Eucaristía es el centro vivo de la vida católica. Pero se puede perder el contacto con ese centro. Esta pérdida puede tener resultados serios puesto que "Vivir la Eucaristía es reconocer y compartir los dones que por Cristo recibimos del Espíritu Santo. Aceptar la acogida que nos brindaron los demás y dejarlos entrar dentro de nosotros mismos" (*Puebla*, 436). La Eucaristía nos recuerda que Cristo es el centro de nuestra vida familiar.

En el documento *Mane Nobiscum Domine*, el papa Juan Pablo II decía que Cristo es el centro de la historia, pero no sólo de la historia de la Iglesia. La historia universal también halla su centro en Cristo. Cristo es como un magneto gigante que con su fuerza atrae a toda la historia para que converja en Él. Nosotros confesamos que por medio del Hijo de Dios se ha hecho todo lo que existe y que nada existe sin Él. Ya el Concilio Vaticano II había afirmado que Él es el punto donde convergen las más altas aspiraciones de la humanidad.

La Eucaristía nos configura como Iglesia doméstica. Establece un nuevo modo de ver el contacto familiar. ¿Qué puedes hacer para recuperar el contacto o aumentarlo? Si te concentras más profundamente en Cristo, el centro del universo, entonces encontrarás un mayor significado y más alegría en la Misa los domingos. Cuando te des cuenta de que "Cristo es todo y en todos" (Col 3:11) entonces todo lo demás se ve en perspectiva.

Las sugerencias siguientes pueden ayudar a tu familia a darse cuenta de lo que se ha dicho.

- Las lecturas de cada domingo cubren un aspecto diferente del misterio de Cristo, y al cabo de tres años, estas lecturas cuentan la totalidad de este misterio. En el centro de este misterio encontramos lo que no cambia nunca, lo que se celebra en cada Misa: "la imagen fuerte y suave de Cristo muerto y resucitado" (Puebla, 436). Cuando escuches las lecturas de los domingos no pierdas de vista ese centro vital.

- Una forma muy buena para relacionar las sesiones bíblicas en familia y la Misa los domingos es usar las lecturas del domingo para la sesión bíblica de la semana. Si tus sesiones son los sábados por la noche o los domingos por la mañana, esto es bueno porque puedes revivir los eventos de la última cena y de la pasión, muerte y resurrección de Cristo. Estos dieciocho capítulos contienen esos eventos: Mateo 26-28, Marcos 14-16, Lucas 22-24 y Juan 13-21. No tienes que convertir uno de estos capítulos en la lectura básica de la sesión, pero sí es buena idea que leas uno antes de terminar cada sesión.

- Si tu sesión bíblica familiar se basa en las lecturas del domingo, entonces podrás prestar más atención durante la Misa y tu experiencia ese domingo será más rica. Al escuchar las lecturas recuerda lo que compartiste con tu familia y lo que tu familia compartió contigo. Esto le añade una dimensión de familia-Iglesia a la Palabra que se proclama. Puedes hacer lo mismo durante la homilía. Esto no es una distracción, sino una ayuda para que la homilía refuerce tu unión familiar.

- Durante los ritos iniciales de la Misa del domingo, la liturgia te dispone para "el deseo y la búsqueda del reino, purificando el alma de todo lo que aparta de Dios" (Puebla, 436). Cuando el sacerdote les pide a los feligreses que reconozcan sus pecados y se arrepientan, piensa en las pasadas veinticuatro horas y en tus relaciones con tu familia. Este momento te da una oportunidad para que examines tu vida en familia y cómo puedes mejorarla en el futuro.

- En el ofertorio de la Misa piensa en cada miembro de tu familia. Como familia, lo principal que le puedes ofrecer a Dios con Jesús es "ustedes mismos como sacrificio vivo y santo que agrada a Dios. Así sabrán ver cuál es la voluntad de Dios, lo que es bueno, lo que le agrada, lo que es perfecto" (Rm 12:1-2).

- Cuando llegues al momento culmen de la Plegaria Eucarística concéntrate en Jesús, quien está presente ahora. Él se ofrece a su Padre. Recuerda este hecho y deja que las palabras de la plegaria le den significado. Cuando el sacerdote dice "Hagan esto en conmemoración mía", trata de recordar la Última Cena.

- Deja que el rito de la paz tenga un significado especial para ti y para tu familia. Pueden darse un beso o un abrazo. Si tienen apodos, podrían usarlos en señal del amor que se tienen. Los cónyuges pueden usar las palabras "te quiero" y darle mucho más significado a este momento de la Misa.

- La comunión tiene tanto significado que la mente humana no puede llegar a comprenderlo. Por tanto, es muy importante que la valores antes de recibirla. Podrías repetir las siguientes palabras mientras te preparas para recibir la comunión:

Ven Espíritu Santo y dispón mi alma y todo mi ser
para recibir a mi Señor en la Eucaristía.

- Cuando recibes la comunión dices "Amén". San Agustín escribió que cuando el sacerdote dice "Cuerpo de Cristo", tú le contestas "Amén", lo que significa: sí, lo somos. Esta respuesta tiene un triple significado: el cuerpo de Cristo resucitado, el cuerpo que es su Iglesia y su cuerpo eucarístico. Cuando dices "Amén", estás diciendo "Sí, nosotros somos el cuerpo de Cristo". Cuando recibes la comunión recuerda también las palabras de Pablo que repites en silencio antes o después de las comidas: "Uno es el pan y por eso formamos todos un solo cuerpo, porque participamos todos del mismo pan".

- Después de comulgar canta con tu gente y al terminar haz actos de amor: de amor por el Cristo que tienes dentro de ti, de amor por su cuerpo, especialmente por tu familia con la cual estás unido/a ahora más que nunca. Este es el momento de la Eucaristía, la misteriosa realidad de la muerte de Jesús se hace presente ahora. Y también es realidad en el futuro de tu vida en el Reino. El banquete es ahora.

- En un banquete, aun en los que se dan sin motivo religioso, sucede algo extraordinario. Cada comensal toma el alimento individualmente, pues nadie puede comer por él. Pero comparte el alimento en unión con los demás. Y no sólo comparte el alimento, sino también la alegría y fraternidad del momento. En la Eucaristía, banquete del Reino, nacido en la Última Cena, recordamos la invitación de Jesús a comer y a beber. Él quería el aspecto celebrativo de la eucaristía como banquete, para expresar la comunión con Dios y entre nosotros

- Pero también, esa cena celebrada la noche antes de sufrir su pasión, prefigura el sacrificio del Viernes Santo. El banquete eucarístico es también un sacrificio. En él recordamos la ofrenda del cuerpo, la sangre, el alma y la divinidad de Cristo al Padre como propiciación de los pecados del mundo. Mirando atrás, al Jueves Santo, la Iglesia proclama la Eucaristía como banquete, pero mirando adelante, al Viernes Santo, la Iglesia nos recuerda que la Eucaristía es también un sacrificio. No sólo eso. También nos recuerda que la Eucaristía prepara el camino para la Segunda Venida del Señor.

Ritos familiares

Nuestras familias siempre han expresado su fe a través de ritos, símbolos y tradiciones que han ayudado especialmente a los niños pequeños a conocer y crecer en la fe. Los altarcitos a la Virgen María o a los santos, las posadas en el novenario de la Navidad, el rosario en familia, la bendición de los alimentos, son sólo unos ejemplos de muchas tradiciones religiosas.

Algunas de esas tradiciones las podemos y debemos mantener porque nos ayudan a acercarnos de un modo familiar al misterio de nuestra salvación. Veamos algunas posibilidades:

ORAR EN FAMILIA

- Tener al menos una comida en familia cada día, rezar y bendecir los alimentos.
- Pedir la bendición de los padres y mayores antes de salir a la calle por la mañana.
- Rezar juntos cuando se acerca una decisión o un evento importante.
- Tener un libro de meditaciones diarias, al menos para los tiempos importantes.
- Vestirse las mejores ropas para ir a Misa el domingo.

DEVOCIONES MARIANAS

- Rezar en familia un misterio del Rosario antes de apagar la última luz de la casa.
- Poner un altarcito a la Virgen en la casa.
- Celebrar la fiesta de la Patrona de nuestro país con una comida especial y un momento de oración.
- Conocer la historia de la Virgen de Guadalupe, Patrona del Continente Americano.

EN TORNO A LOS TIEMPOS LITÚRGICOS

- Preparar al menos una posada con los vecinos.
- Poner el nacimiento antes de la Navidad y meditar lo que significa.
- Acostar al Niños Dios en la noche de Navidad con un momento de meditación en familia.
- Prepararse para la Semana Santa haciendo un acto de reconciliación familiar.
- Hacer una fiesta familiar el Domingo de Resurrección.

PARA ACOMPAÑAR LA VIDA

- Tener listas algunas oraciones para situaciones especiales en la familia: para salir de viaje, o cuando uno de los más pequeños tuvo un problema en la escuela, o para el final de cursos, o para que Jesús me acompañe mientras hago la tarea.
- Rezar siempre las oraciones de la mañana y de la noche.
- Mantener una pequeña alcancía familiar, con el fin de disponer de dinero para ayudar a los pobres.
- Suscribirse a una revista católica y comentar algún artículo una vez a la semana.

Oraciones familiares

ORACIÓN DE LA MAÑANA

*Santísima Trinidad, un solo Dios en tres personas, te alabo
y te doy gracias por todos los favores que he recibido de ti.
Tu bondad me ha protegido siempre. Te ofrezco todo mi ser
y particularmente todos mis pensamientos, palabras y obras,
al igual que todas las pruebas que sufra este día. Dame tu
bendición. ¡Qué me anime tu amor divino!
Te consagro mi día y te pido que bendigas a toda mi familia
para que al final de este día estemos unidos nuevamente para
alabarte, bendecirte y darte gracias. Amén.*

BENDICIÓN ANTES Y DESPUÉS DE LA COMIDA

*Bendice Señor estos alimentos que vamos a recibir
de tu generosidad, bendice las manos que los han preparado.
Te pedimos por los que se esfuerzan en conseguir
su pan de cada día y no lo encuentran,
por Cristo, nuestro Señor. Amén.
Te damos gracias por todos tus beneficios,
por esta comida y por nuestra familia,
Dios Padre bondadoso,
que vives y reinas por los siglos de los siglos. Amén.*

*(Se pueden decir oraciones espontáneas cuando
la familia se reúne a comer.)*

CONSAGRACIÓN A MARÍA, MADRE DE DIOS

¡Oh, Señora mía, oh Madre mía!
Yo me ofrezco enteramente a ti;
y en prueba de mi filial afecto,
te consagro en este día, mis ojos,
mis oídos, mi lengua y mi corazón;
en una palabra, todo mi ser.
Ya que soy todo tuyo, Madre de bondad,
guárdame y defiéndeme.

BENDICIÓN A LOS HIJOS EN UN DÍA DIFÍCIL

Padre bueno bendice a... y llénalo de tu amor
Dale el espíritu de inteligencia para que
sepa tomar sus decisiones
el espíritu de fortaleza para que no se canse
de hacer el bien y sepa vencer las tentaciones,
y llénalo de tu amor para que se sienta seguro
en todas sus actividades,
Te lo pedimos a ti que creciste en edad,
sabiduría y gracia y pasaste momentos
muy difíciles para llevarnos a todos al cielo. Amén.

INVOCACIÓN AL ESPÍRITU SANTO

R. Ven Espíritu Santo.
V. Llena los corazones de tus fieles y enciende en
ellos el fuego de tu amor.
R. Envía tu Espíritu y serán creados,
y renovarás la faz de la tierra.
V. Oremos:

Oh Dios, mediante la luz del Espíritu Santo has puesto tus enseñanzas en los corazones de los fieles. Permite que mediante el mismo Espíritu Santo seamos sabios y gocemos de tu consuelo. Por nuestro Señor Jesucristo. Amén.

Puntos para la reflexión y el diálogo

1. Cuando me doy cuenta de que se supone que la Eucaristía debe ser el centro de nuestra vida familiar, yo...
2. Desde que empecé a repetir 1 Corintios 10:17 en silencio antes o después de las comidas, he comenzado a darme cuenta de...
3. Cuando trato de entender el significado de "Cristo es todo y en todos", el pensamiento o sentimiento que tengo es...
4. Cuando ofrezco nuestra unión familiar en el ofertorio de la Misa me doy cuenta de...
5. Lo que el saludo de paz ha llegado a significar para mí como una señal de la unión de nuestra familia es...
6. Ahora que recibo la comunión como el banquete de nuestra unión familiar, los pensamientos y sentimientos que tengo son... (Escribe todo lo que puedas acerca de esto.)

8
NO SOMOS LA
FAMILIA PERFECTA

[CIC 2373–2386]

¿Y cuál lo es? A menudo, en las enseñanzas sobre la familia, los documentos de la Iglesia se refieren solamente a las familias formadas por padre, madre e hijos, y a lo más los abuelitos. Pero en la actualidad hay otras formas de vida familiar, como es el caso de la familia monoparental. Miles de familias por muy diversas circunstancias están formadas por madre e hijos, algunos casos, aunque en menor número, por padre e hijos. A esto le llamamos familia monoparental. Además en muchas de nuestras ciudades, por razón del costo de la vivienda, varias familias conviven bajo un mismo techo al modo de una familia extendida.

Además podemos mencionar a las familias de cuantos están obligados a largas ausencias, como los militares, los navegantes, los viajeros de cualquier tipo; las familias de los presos, de los prófugos y de los exiliados. Todas estas formas de vida familiar merecen atención y respeto. La Iglesia tiene la obligación de enseñar toda la verdad sobre la familia y animar a todas las familias a esforzarse por ser cada vez mejores; siguiendo la consigna de Juan Pablo II,: "familia sé lo que eres". Este llamado es para todas las formas de familia. Ninguna familia de ningún tipo debe menospreciarse. Todos en nuestras circunstancias particulares somos parte de una familia, de la que nos debemos sentir orgullosos.

En su carta pastoral *Sigan el camino del Amor* de 1985, la Conferencia de Obispos de los Estados Unidos declaró:
Necesitamos ayudar a las familias a reconocer que son la Iglesia doméstica. Tal vez hay familias que no comprenden ni creen que son una Iglesia doméstica. Tal vez se sienten abrumadas por haber sido llamadas o son incapaces de asumir esa responsabilidad. Tal vez consideran que su familia está muy "fracturada" para que el Señor la use en la realización de sus planes. Pero recuerden, una familia es santa no porque es perfecta sino porque la gracia de Dios está trabajando en ella, ayudándola a reanudar su marcha diaria en el camino del amor.

Dondequiera que haya una familia y dónde el amor avive a sus miembros, la gracia está presente. Nada—ni el divorcio ni la muerte—pueden poner límites al amor gratuito de Dios"

Y por tanto, reconocemos la valentía y la determinación de las familias con un sólo cónyuge criando a sus hijos. Ustedes logran realizar su llamado a crear un buen hogar, cuidar sus hijos, trabajar, y asumir responsabilidades en el barrio y la iglesia. Ustedes reflejan el poder de la fe, la fuerza del amor y la certeza que Dios no nos abandona cuando las circunstancias los dejan solos asumiendo los deberes de padre y madre.

Cada familia, en cualquier circunstancia está llamada a ser imagen de esa comunión de amor que es Dios—Padre, Hijo y Espíritu Santo:

Pistas para la pastoral familiar

Todas las familias que están en estas circunstancias deben

encontrar apoyo en su comunidad parroquial. Algunas parroquias cuentan con programas que ayudan a prevenir divorcios o que ofrecen consejería y ayuda espiritual a las familias que pasan por esos traumáticos momentos. También hay programas de ayuda para niños de padres separados, ya que es importante que los niños y los jóvenes no perciban esas experiencias como una prueba de que no se pueden asumir compromisos permanentes.

La oración, la consejería espiritual y la práctica de los sacramentos son las armas mejor probadas para luchar contra las consecuencias negativas de las decisiones difíciles.

La familia hispana sabe lo que es "adorar a Dios en tierra extraña". La experiencia inmigrante tiene a veces efectos devastadores sobre la familia. Cuando uno de los cónyuges emigra por cuestiones laborales, se impone la separación familiar. Los cónyuges se ven forzados a vivir separados por periodos prolongados de tiempo y los hijos que quedaron atrás crecen sin conocer a su papá. Cuando esa ausencia se prolonga por años debido a las circunstancias migratorias, la comunicación se puede enfriar y la tentación de crear otra familia debido a la soledad y a la necesidad afectiva está siempre presente. Mantenerse fiel a las promesas matrimoniales en estas circunstancias exige un gran sacrificio y conlleva un enorme mérito. La comunidad parroquial debe ser la familia que ofrezca apoyo afectivo y espiritual para que los cónyuges mantengan sus promesas de fidelidad y amor hasta la muerte.

La "mentalidad transeúnte" es otra dificultad importante que deben atender las parroquias. Este es un problema frecuente en las familias que vienen de Latinoamérica, especialmente de Centroamérica y México a Estados Unidos. Llegan pensando que solo van a estar poco tiempo – un par de años quizá – y su única meta es hacer dinero para sostener a los que quedaron atrás y ahorrar lo suficiente para poner su negocio y comprar su casa. Demasiado a menudo, pasa el tiempo y cuando se quieren dar cuenta, ya tienen familia que los ancla a esta tierra, a veces han descuidado a los hijos por tener varios trabajos y han perdido la oportunidad de hacer amigos aislándose de la comunidad y de la Iglesia. Hay que tener cuidado que en el afán por hacer dinero no descuidemos nuestras obligaciones de esposos y padres. De nueva cuenta, es la comunidad parroquial la que conociendo estas circunstancias, debe orientar con la luz de la Palabra y las enseñanzas de la Iglesia.

Puntos para la reflexión y el diálogo

1. ¿Cuáles son las circunstancias más difíciles por las que ha atravesado nuestra familia?
2. ¿Cómo hemos superado las crisis familiares?
3. ¿Cuáles son los más grandes retos que tienen nuestras familias inmigrantes?
4. ¿Cómo viven los jóvenes la experiencia de la inmigración?
5. ¿Nos sentimos orgullosos de nuestra familia tal como es?
6. ¿Qué retos aun nos quedan para construir nuestra familia de acuerdo a la voluntad de Dios?

9
LA EDUCACIÓN
DE LOS HIJOS

[CIC 2221-2231]

Aspectos de la educación
que no debemos olvidar

La educación de los niños debe ser atendida principalmente en dos aspectos. En primer lugar en la formación de su persona, de sus hábitos, de sus virtudes, es decir, de su propio ser. En segundo está la educación formal, la que se recibirá en la escuela y en la universidad. Los dos aspectos son igualmente importantes, y requieren de mucho cuidado de parte de los padres o de los adultos responsables, para ayudar a los jóvenes a su plena realización.

La educación en los valores debe comenzar por el reconocimiento de la autoridad de los padres. Si no enseñamos a los niños desde su más tierna infancia a respetar la autoridad de los padres, ésta se irá diluyendo hasta perderse completamente. Los niños deben entender que la autoridad es importante y que obedecer a sus padres es la parte más importante de su educación. La autoridad de los padres debe ejercerse con amor, lo mismo que la obediencia de los hijos. Es muy triste ver hogares donde los hijos han perdido el respeto a sus padres. Si eso ha sucedido en su hogar, por favor busquen ayuda psicológica o acudan al sacerdote de su parroquia para dialogar sobre recursos y herramientas para fortalecer este aspecto en la familia.

Los demás valores que el niño debe vivir y aprender en el hogar son: el orden, la disciplina, la limpieza, las buenas maneras al hablar, saber cumplir las metas que se propongan, el estudio y el buen trato a las demás personas. Además, los padres y los adultos deben ayudar a los jóvenes a ser exitosos en la escuela. La mejor motivación para que un niño sea un buen estudiante es el reconocimiento de los padres a sus esfuerzos. Hijos e hijas deben desde muy pequeños prepararse para estudiar en la universidad y cursar estudios superiores. Esa motivación la deben llevar en la sangre aunque los padres no hayan tenido esa oportunidad. Sabemos que el mejor modo de aspirar a becas y apoyos financieros es siendo buen estudiante durante toda la vida. Pero no olviden que todo debe centrarse en el amor. Primeramente, descubriendo el amor de Dios por cada uno de nosotros; luego, el amor que nos da a través de nuestra familia. Este amor es la base más sólida para trabajar en nuestro propio crecimiento.

A pesar de que en las familias hispanas el índice de divorcios es bajo, hay muchas circunstancias que hacen que tengamos familias donde el padre o la madre deben ejercer las dos funciones. En esas circunstancias, es muy importante que la comunidad eclesial o la familia ampliada, (tíos, abuelos, compadres) ayuden con su buen ejemplo a los niños en su crecimiento. No olvidemos que el tiempo que les dediquemos a los niños en su crecimiento, es el mejor apoyo para ayudarlos a establecer su disciplina interna, su autoestima y la seguridad en sí mismos. Si los niños pasan mucho tiempo en la televisión o en los juegos electrónicos estarán desperdiciando los mejores años de aprendizaje y desarrollo de habilidades. La televisión o los juegos electrónicos no son malos, pero sí debemos saber emplearlos de manera inteligente.

No deben tener prejuicios para que los hijos e hijas tengan amigos, pero deben tener mucho cuidado que esos amigos no los arrastren por malos caminos. Cualquier amigo que tenga problemas de drogadicción o que haya sido detenido por venta de drogas debe ser considerado una mala compañía. Recordemos que los adolescentes y los jovencitos son muy vulnerables a las malas influencias y hay que protegerlos.

Un riesgo: la violencia doméstica

La violencia y cualquier forma de abuso deben detenerse en cuanto aparecen en la vida familiar. La violencia suele ser un fenómeno que crece hasta volverse intolerable si no se detiene en las primeras fases de su desarrollo. Un grito, un azotón de puertas, un empujón, una palabra ofensiva, deben ser resueltos, para que no se conviertan en la forma de relacionarse dentro de la familia. Incluso a los niños, debe enseñárseles que gritar, golpear, amenazar no es parte del lenguaje en la familia. Los padres deben ser un ejemplo y deben de estar de acuerdo en cómo educar a los hijos. Es importante establecer criterios comunes sobre permisos, tiempo de estudio y responsabilidades en la casa para que los niños vean que los padres están de acuerdo y no intenten sacar provecho de las desavenencias entre los padres.

Recordemos que las conductas delictivas en la juventud actual provienen mas frecuentemente de hogares donde ha existido la violencia. No son las familias monoparentales, sino las familias donde los padres son esclavos del alcoholismo y la drogadicción, donde no hay un plan de vida, unas pautas de conducta familiar, donde los padres simplemente no están preparados para la enorme responsabilidad que implica la crianza de los hijos. En estas familias hay más probabilidades que los hijos terminen en problemas con la ley.

La violencia también proviene de ambientes escolares de baja calidad, donde la educación es masificada, donde los instructores no son capaces de establecer la disciplina en los salones de clase, donde no hay un ambiente estudiantil. Estas situaciones exigen que los padres de familia asuman su responsabilidad y desarrollen formas de colaboración con los maestros y con las autoridades escolares para trabajar por el bien de los estudiantes.

La educación de los hijos no debe ser violenta y debe ser consistente. Los niños y los jóvenes van a explorar para determinar las consecuencias de su conducta y van a tratar de experimentarlo todo. Desde muy pequeñitos, van a probar a sus padres para ver hasta donde llegan los límites. Si los padres no son consistentes en sus normas y reglamentos, los niños perderán el camino de su crecimiento y vivirán sin normas que orienten su conducta.

Si mis hijos van por mal camino...

Sin duda, la mayor parte de los padres hispanos han hecho todo lo que está de su parte para darles lo mejor a sus hijos. Simplemente, emigrar a otro país representó un esfuerzo de dar lo mejor a los suyos. Y algunos se preguntan ¿por qué mi hijo se fue por mal camino? No hay una respuesta sencilla a esta pregunta, pues hay muchos elementos que influyen en la vida de los jóvenes. Pensemos en la publicidad, que les crea a nuestros jóvenes necesidades artificiales; las malas compañías, que los inducen a vicios, o costumbres que no son nuestras, o simplemente el choque cultural que en ocasiones significa, no saber cuál es su verdadero lugar en la sociedad. Muchos sienten que no son de aquí ni de allá. Es muy importante que los padres de familia no carguen con un sentimiento de culpa, que puede ser injusto si tenemos en cuenta todas las variables que influyen en la conducta de un joven. Sin embargo, si es importante que revisen lo que aún se puede hacer, basados en la experiencia, para que los hijos más jóvenes no sigan los mismos pasos.

Por otra parte, aunque suene muy difícil decirlo, debemos evitar que conductas moralmente graves sean parte de la vida familiar. Si un hijo cae en esas situaciones, los padres no deben tolerarlo. Un hijo violento, que agrede físicamente a sus padres, o que vende drogas, debe ser castigado. Cada circunstancia es diferente pero ciertos criterios éticos deben prevalecer en la vida familiar.

Comer bien para vivir bien

Nuestro cuerpo es maravilloso porque es un regalo de Dios. Pero si lo descuidamos se deteriora. Este cuerpo, nuestro cuerpo, es nuestra identidad, es parte de nuestro ser. Somos cuerpos espiritualizados o espíritus corporeizados, lo que quiere decir que no podemos separar nuestro cuerpo de nuestro espíritu.

En la vida familiar esto tiene aplicaciones muy variadas que van desde aceptarnos como somos hasta cuidar nuestros hábitos alimenticios. Nuestra piel sea morena o clara, nuestra altura sea alta o bajita, es parte de nuestra identidad familiar de la cual debemos estar orgullosos. Prejuicios racistas, a veces no superados en nuestro tiempo, pueden llevarnos a no aceptar nuestra apariencia física. Este es un error que debemos superar, fortaleciendo nuestra autoestima, aceptándonos como somos.

Un aspecto en el que sí debemos poner atención es nuestra alimentación. Nuestros taquitos, pupusas, enchiladas, carnitas, y demás platillos populares deben ser consumidos teniendo en cuenta que todo es bueno si lo hacemos con moderación. Nuestros antepasados comían muchas frutas y una gran variedad de verduras, lo que los mantenía fuertes y saludables. Con el tiempo hemos perdido esas buenas costumbres y nos hemos acostumbrado a comidas con mucha grasa, lo que ha provocado que en poco tiempo nos hayamos convertido en un grupo de alto riesgo para enfermedades relacionadas con la mala alimentación. Lo mismo debemos decir respecto a nuestra actividad física. El ejercicio físico es nuestra mejor estrategia para mantenernos saludables. No hace falta pagar un gimnasio muy caro, basta un poco de buen humor y ganas de estar saludable. Algunos trabajos ya implican actividad física, pero en nuestros tiempos muchos trabajos se realizan sin moverse de una silla. Alimentación sana y ejercicio son dos estrategias para cuidar el regalo más hermoso que hemos recibido, nuestro propio cuerpo. Recuerda que si en la familia se practican buenos hábitos alimenticios y todos se acostumbran a hacer ejercicio, la vida será más hermosa para todos.

Puntos para la reflexión y el diálogo

1. ¿Qué valores son los más importantes que debo enseñarles a mis hijos?
2. ¿Cuáles son los criterios que debo dialogar con mi pareja para estar de acuerdo en el trato a los hijos?
3. ¿Cómo quitar gestos violentos que ya se han hecho normales en el trato familiar?
4. ¿Qué debo hacer para motivar a mis hijos a estudiar e ir a la universidad?
5. ¿Cuáles son los valores humanos que me gustaría que mis hijos aprendieran de mí?
6. ¿Qué causas ves en tu ambiente que hacen que los jóvenes tomen malos caminos?
7. ¿Qué debo hacer para mejorar los hábitos familiares que contribuyen a la buena salud?

10
SOMOS EVANGELIZADOS Y LLAMADOS A EVANGELIZAR

[CIC 2207-2213]

Tu familia está llamada a evangelizar

En el séptimo capítulo del evangelio de Lucas unos discípulos de Juan Bautista le preguntaron a Jesús: "¿Eres tú el que debe venir, o debemos esperar a otro?" Por ser Iglesia, tu familia vive la vocación de ser el cuerpo de Cristo cuando alguien los mira y pregunta: "¿Es aquí donde está Cristo?"

Contestar "sí" a esta pregunta—"Sí, aquí es donde Cristo vive"—es la vocación a la cual está llamada tu familia. El papa Pablo VI declaró en su documento *La evangelización en el mundo moderno* (EN)**,** que su fidelidad a esta vocación es su "identidad más profunda". Como familia, su unión en el amor es "testimonio sin palabras", la "vida auténticamente cristiana".

Como dijo el Papa: "A través de este testimonio sin palabras, estos cristianos hacen plantearse, a quienes contemplan su vida, interrogantes irresistibles: ¿Por qué son así? ¿Por qué viven de esa manera? ¿Qué es o quién es el que los inspira? ¿Por qué están con nosotros? Pues bien, este testimonio constituye ya de por sí una proclamación silenciosa, pero también muy clara y eficaz de la Buena Nueva" (EN 21, 71, 14 y 41).

Testigos de obra y de palabra

La "vida auténticamente cristiana" a la que nos referimos le da el "sí" a estas tres preguntas: "¿Crees verdaderamente lo que anuncias? ¿Vives lo que crees? ¿Predicas verdaderamente lo que vives?" (EN 76) Refiriéndose a la tercera pregunta, el papa Pablo VI recomienda lo que Pedro llamaba dar "razón de vuestra esperanza" (1 Pe 3:15). Si queremos llegar al corazón de las personas nuestro testimonio tiene que ser personal. "En el fondo, no hay otra forma de comunicar el evangelio que no sea la de transmitir a otro la propia experiencia de fe" (EN 46).

Tu primera reacción puede ser: "Nadie se fija en mi familia y nadie dice, `Ustedes tienen algo especial. ¿Qué es?' Esto no pasa". Si esa es tu reacción, no subestimes a tu familia de esa manera. Dios no lo hace. Porque ustedes forman una comunidad que lee y medita las Sagradas Escrituras, que se perdona y que tiene una unión basada en la Eucaristía, ustedes son la clase de familia que hace que las personas noten algo especial. Y si alguien les pregunta ¿qué es?, la respuesta es su experiencia cristiana católica. La unidad que poseen es la "palabra exterior" por la cual Dios puede y va a hablar su "palabra interior" a los corazones humanos.

Lo que arriesgamos

La credibilidad de la Iglesia está en juego. Las personas, incluso los católicos, creen en la Iglesia cuando los mismos católicos revelan el amor de Cristo. Por el contrario, las personas no creen en la Iglesia cuando los mismos católicos no revelan el amor de Cristo. Como familia ustedes le dan forma al cuerpo de Cristo, un cuerpo que es visible. Cuando las personas los miran se preguntan: "¿Está Cristo aquí?" O encuentran que Cristo no está presente y entonces "esperan a otro".

La presencia en el mundo de una variedad de "religiones nuevas" indica que lo que se arriesga es la credibilidad del mismo Jesús. El papa Pablo VI declara que "la unidad de sus seguidores no es solamente la prueba que somos suyos, sino también la prueba de que él es el enviado del Padre, prueba de credibilidad de los cristianos y del mismo Cristo" (EN 77). Estas palabras hacen hincapié en lo que Jesús le pidió a su Padre, "Que todos sean uno... en nosotros: así el mundo creerá que tú me has enviado" (Jn 17:21). Jesús se refería a su familia y a todas las familias. Su credibilidad depende de su testimonio. De ustedes depende que las personas se sientan atraídas a Cristo.

La evangelización comienza en el hogar

Si consideramos la pregunta: ¿Cómo es que una familia puede ser "auténticamente cristiana" para que otros experimenten a Cristo a través de ella? La respuesta del Papa es: "La Iglesia comienza por evangelizarse a sí misma" (EN 15). Ustedes comienzan en su propio hogar.

El Padre Basilio Pennington dice: "Tratar de enseñar el evangelio con su inclinación hacia los pobres y su tendencia a la abnegación—'Si alguno quiere seguirme que se niegue a sí mismo, que cargue con su cruz de cada día y que me siga' (Lc 9:23)—y al mismo tiempo buscar los mismos placeres y objetivos del mundo materialista es condenarse a un apostolado inútil".

Puedes convertir las prioridades del evangelio en tus prioridades si acudes al mismo evangelio. Puedes convertir estas prioridades en prioridades de familia si acuden a los evangelios juntos. En otras palabras, lean y mediten las Escrituras en familia. Empápense de la visión y de la inspiración que encuentren allí y no se acobarden ni desistan de la dedicación que pide el evangelio al decir que es algo "bueno pero imposible". Dialoguen y compartan su experiencia religiosa. Busquen el perdón y perdónense. Hagan de la Eucaristía el centro de su vida familiar y recuerden siempre por quién hacen todo esto: por Cristo, por su cuerpo, por los que los rodean—incluso los miembros de la propia familia—que lo buscan también. Hagan todo esto porque aman.

Cuando tu familia se evangeliza de esta manera, "Esta Iglesia doméstica, convertida por la fuerza liberadora del evangelio en 'escuela del más rico humanismo' (GS 52), sabiéndose peregrina con Cristo, y comprometida con Él al servicio de la Iglesia particular, se lanza hacia el futuro, dispuesta a superar las falacias del racionalismo y de la falsa sabiduría que desorienta al mundo moderno" (Puebla, 437).

Siempre se necesita tener más diálogo con los sacerdotes. Por ser un solo cuerpo todos los miembros de la Iglesia tienen una participación en el sacerdocio de Cristo, su cabeza. Pero "no todas las partes tienen la misma función" (Rm 12:4). Los sacerdotes han sido ordenados y poseen "la sagrada potestad del orden" para "obrar como en persona de Cristo cabeza" (Vaticano II, Ministerio de los Presbíteros, 2). Una de las maneras básicas de aumentar la unidad en la parroquia es mostrando aprecio a tus sacerdotes que son humanos como tú. Por ejemplo, si se les alaba con sinceridad, se les hace entender que se les valora como personas y como sacerdotes. La crítica, por el contrario, disminuye su alegría y sus relaciones con las personas a quienes quieren servir. Debes fijarte en su dedicación, fe, perseverancia. Dales crédito porque se lo merecen. Pueden aumentar el aprecio que sienten por sus sacerdotes, religiosos y religiosas al rezar en familia por los que conocen. También aumentan su sentido de unidad con la Iglesia al rezar por el obispo local y por el sucesor de Pedro, el Papa. Al estar conscientes de su unión con ellos, están conscientes de su unión con la Iglesia del presente, del pasado y del futuro.

La unidad entre los feligreses

Ustedes pueden trabajar por la unidad cuando tratan de entablar amistad con otras familias católicas. En algunas parroquias existen las comunidades parroquiales que "crean mayor interrelación personal, aceptación de la Palabra de Dios, revisión de la vida y reflexión sobre la realidad a la luz del evangelio; se acentúan el compromiso con la familia, con el trabajo, el barrio y la comunidad local" (*Puebla*, 477). El Reino de Dios se inicia en las familias y en las comunidades. Es en éstas donde nacen y se fomentan los líderes del futuro.

En un área metropolitana, unos 500 grupos fueron organizados. Al poner su atención en la fe y el evangelio, estos católicos se dieron cuenta de lo que la fe que comparten significaba para ellos. El organizador de estos grupos fue el arzobispo de Cracovia, el Cardenal Wojtyla, quien más tarde se convirtió en el papa Juan Pablo II.

Un último ejemplo de cómo podemos esforzarnos por conseguir la unidad es por medio del examen de la vida parroquial. Esto lo pueden hacer cuando se reúnen en familia para meditar las Sagradas Escrituras, especialmente cuando usan las epístolas de Pablo. Las parroquias de hoy son muy parecidas a las comunidades cristianas a las cuales Pablo se dirigió. Su primera carta a los Corintios, por ejemplo, la pudo haber escrito a muchas parroquias de hoy. Su carta a los Gálatas llama a la fe y a la unidad. Su carta a los Filipenses es lo que toda parroquia necesita porque menciona la alegría y la solidaridad. Descubran las normas que Pablo expone para la unidad y examinen la calidad de la vida de su parroquia. (En algunos tiempos del año como la Cuaresma o el Adviento pueden leer en familia *Camino de fe,* publicado por Libros Liguori, pues tiene los temas desarrollado para los niños, los jóvenes y los adultos).

Hay otros muchos grupos en las parroquias que se preocupan por la evangelización de las familias como son el Movimiento

Familiar Cristiano y Encuentro Matrimonial. Ambos movimientos han ayudado a mejorar la vida de muchas familias. Si su familia puede participar en las actividades de estos grupos encontrarán un gran apoyo para las tareas más difíciles de la vida familiar.

Además de estos grupos especializados, hay otros grupos que también evangelizan a las familias. Los grupos carismáticos, los cursillos de cristiandad y los movimientos catecumenales, son algunos de ellos. Cada uno desde su propia espiritualidad asume la misión de ayudar a la evangelización de las familias.

Impulsados por el amor

"La evangelización", dijo el papa Pablo VI, "supone en el evangelizador un amor fraternal siempre creciente hacia los que evangeliza". Este amor es genuino y lleno de cariño. Pablo VI lo describe al citar a Pablo: "… era tal nuestra ternura hacia ustedes que hubiéramos querido, junto con entregarles el evangelio, entregarles también nuestra propia vida. ¡Tan grande era el cariño que les teníamos!" (1 Te 2:8, EN 79).

Se puede comprobar si el amor es verdadero si se tiene "respeto a la situación religiosa y espiritual de la persona que se evangeliza. Respeto a su conciencia y a sus convicciones…" (EN 79). El llamamiento al respeto profundo por cada persona como "otro yo" se destaca en los documentos del Concilio Vaticano II (vean especialmente el de *La Iglesia en el mundo moderno*). En la primera encíclica del papa Juan Pablo II, *Redentor del Mundo,* se intensifica el llamado a "que se respeten la dignidad y la libertad de todos!" (16). El respeto mutuo es tan básico que sin él no hay una evangelización verdadera.

Hacer "algo" por las personas, aun algo relacionado con la religión, no es un signo positivo de que se aman. Tomás Merton escribió que si nuestra motivación no es un amor desinteresado, le comunicaremos al mundo sólo "la infección de nuestra obsesión, nuestra agresividad, nuestras ambiciones egocéntricas, nuestras decepciones tocantes a nuestras metas y los medios para alcanzarlas, nuestros prejuicios doctrinarios y nuestras ideas". Esto es algo que puede pasar y de hecho pasa. Aun cuando se trata de obras caritativas, mis obsesiones, ambiciones y prejuicios inconscientes (y conscientes) pueden reemplazar lo que debe ser la obra del Espíritu. Cuando esto pasa, el resultado es la división del cuerpo de Cristo.

Una de las mejores protecciones contra este falso amor es el evangelio. Mediten Mateo 25: 31-46 para comprobar si es Cristo al que aman. Hagan hincapié en 1 Cor 13: 4-7 para ver si su amor es genuino. Recen para reconocer a Cristo y amarlo, especialmente en casa.

Al servicio de todos

La evangelización es un servicio a los demás que debe penetrar en toda la pastoral de la parroquia. Ofrecer el evangelio a las personas "con plena claridad y con absoluto respeto hacia las opciones libres que luego puede hacer" es la obra de Dios. Todos tienen derecho a la Buena Nueva" (EN 80).

Las obras de "justicia en caridad" son de vital importancia; sin ellas la evangelización no es ni verdadera ni creíble (EN 29-39). El fomentar el ecumenismo es otro apostolado que es de vital importancia porque la división entre los cristianos "perjudica la causa santísima de la predicación del evangelio a toda criatura y cierra a muchos las puertas de la fe" (EN 77). Sin embargo, el apostolado evangelizador de las parroquias puede ser un fracaso si no existe el testimonio de la familia. Sin un compromiso de las familias al servicio de los demás falta algo muy importante en tu familia y en tu parroquia.

En tu parroquia, barrio o ciudad ¿hay apostolados para la familia que todavía no se han descubierto? ¿Quién mejor que la familia puede enfrentarse a la propaganda de los medios de comunicación que destruye la familia? Si un grupo de familias firma una petición, esa petición tiene un impacto mayor que si sólo la firma un individuo. Cuando una familia visita una casa de ancianos es más la alegría que se comunica que si sólo fuera un individuo. También, como indica el Concilio Vaticano Segundo, tu familia puede hacer obras como: "adoptar como hijos a niños abandonados, acoger con benignidad a los forasteros, colaborar en la dirección de las escuelas, asistir a los jóvenes con consejos y ayudas económicas, ayudar a los novios a prepararse mejor para el matrimonio, colaborar en la catequesis, sostener a los esposos y a las familias que están en peligro material o moral, proveer a los ancianos no sólo de lo indispensable, sino también de los justos beneficios del desarrollo económico" (Vaticano II, *Decreto sobre el apostolado de los seglares*, 11).

El testimonio de una familia es una influencia poderosa, aun para sus propios miembros. Cuando busquen las maneras de expresar el apostolado de la familia, únanse a otras familias. Dos familias pueden más que una y cuatro pueden más que dos. Como dijo el II Encuentro Nacional Hispano de Pastoral, "Afirmamos que la estructura de la Iglesia ha de servir a la evangelización y salvación liberadora de la persona. Para esto debe fomentar la vida en comunidad. El Reino de Dios debe iniciarse en comunidades eclesiales pequeñas".

Reunidos en la Eucaristía

La evangelización es como la Liturgia de la Palabra que nos lleva a la Eucaristía. Sin el testimonio de una parroquia centrada en la Eucaristía, simplemente no podemos evangelizar y llevar a las personas a la Eucaristía. Aumentas la credibilidad de tu apostolado de llevar la Buena Nueva "a todas las naciones" cuando renuevas y profundizas la unión eucarística de tu parroquia. Estos son algunos medios para renovar la unión eucarística en tu parroquia:

- Un modo que se mencionó en el capítulo anterior es hacer de la Misa una verdadera celebración de unidad familiar. "Es en la Eucaristía donde la familia encuentra su plenitud de comunión y participación" (Puebla, 436). Cuando tu familia y las demás que celebran la Misa hagan esto, entonces notarás la diferencia.

- Si quieres apreciar la solidaridad de la parroquia durante la Misa, tienes que sentirla antes de la Misa. Puedes llegar 10 minutos más temprano a Misa. Cuando llegues habla con los que no conoces y si es hay alguien nuevo/a, preséntate y preséntale a tu familia. Todos somos miembros de la misma Familia.

- Durante la Liturgia de la Eucaristía, cuando el sacerdote eleve la hostia debes estar consciente de que todos forman parte de un mismo cuerpo—el de Jesús—.

- Después de comulgar dedica unos momentos a pensar en la realidad de tu unión con Jesús y con todos los que te rodean.

- Después de la Misa, quédate un rato afuera, por lo menos 10 minutos, para hablar con los otros feligreses. Haz que estos minutos sean una continuación de la Eucaristía y habla con ellos, invítalos a que vayan por tu casa, discute con ellos cómo se podría servir mejor a la parroquia. Trátalos como si fueran parte de tu familia porque en verdad lo son en Cristo.

Invítalos a que tomen parte de tus discusiones en familia de las Escrituras. Cada domingo comparte con alguien, por lo menos con un miembro de tu familia, la experiencia más positiva que tuviste durante la Misa.

• La participación en la sagrada liturgia no abarca toda la vida espiritual y por eso se recomienda aquí la práctica de los ejercicios piadosos, por ejemplo, las peregrinaciones, el rosario, los votos o promesas, las posadas, los rosarios de la aurora, la devoción a los santos y muchas otras prácticas populares. Estos ejercicios no sólo son para individuos, sino que ofrecen una buena oportunidad para celebrarse en familia y en grupos de familias.

Como dijeron los obispos que se reunieron en Puebla, México: "Hay muchos signos de esperanza y alegría: (1) las comunidades parroquiales en comunión con sus Pastores; (2) los movimientos seglares de apostolado organizado como matrimonios, juventud y otros; (3) la conciencia más aguda de los seglares respecto a su identidad y misión eclesial; (4) la acción pastoral comunitaria intensa de los religiosos y de las religiosas en las zonas más pobres; (5) los nuevos ministerios y servicios; (6) la colegialidad episcopal más vivida; (7) la presencia de los obispos siempre más sencilla y mayor entre el pueblo; (8) la sed de Dios y su búsqueda en la oración y contemplación e imitación de María que guardaba en su corazón las palabras y hechos de su Hijo; (9) la conciencia creciente de la dignidad del hombre en su visión cristiana" (*Puebla*, 1069).

Pero el grandísimo signo de esperanza y alegría es la familia cristiana porque "La familia cristiana proclama en voz muy alta tanto las presentes virtudes del reino de Dios como la esperanza de la vida bienaventurada. De tal manera, con su ejemplo y su testimonio se enfrenta al mundo de pecado e ilumina a los que buscan la verdad" (Vaticano II, *Constitución sobre la Iglesia*, 35).

Puntos para la reflexión y el diálogo

1. La cualidad de nuestra familia que muestra que somos una familia de fe es...
2. La cualidad que nos gustaría llegar a tener en nuestra familia es...
3. Los valores expuestos por el evangelio que de verdad quiero incluir en mi vida son...
4. Las tres familias que vamos a invitar a formar parte de una comunidad de fe son...
5. Para mejorar la calidad cristiana de vida en la parroquia vamos a leer primero la carta de Pablo a...
6. Esta es mi lista de las cosas que mi familia y yo podemos hacer juntos para servir a los demás. (Escribe tres o cuatro cosas que pueden hacer. Repite las ideas de los otros miembros de la familia y decidan lo que van a hacer primero. Guarda la lista para el futuro).

11
CON MARÍA,
HACIA LA PLENITUD EN CRISTO

[CIC 963–975]

María y nuestras familias

La familia cristiana no está completa si le falta la devoción mariana. María es un elemento constitutivo de la cultura y de la historia misma de la familia hispana. Todos nuestros pueblos expresan su amor por la Madre de Jesús en las diversas advocaciones marianas en todos los países: Guadalupe, Nuestra Señora de Chiquinquirá, Nuestra Señora de Coromoto, Nuestra Señora de Luján, La Virgen de la Providencia, Nuestra Señora de la Altagracia, y tantas otras advocaciones de América Latina y el Caribe. Lo que hacen las familias hoy día, al querer conocer y venerar a María, es lo mismo que hizo la primera comunidad cristiana.

Cuando la comunidad primitiva comenzó a extender su visión para buscar los orígenes de Jesús, allí encontró a María. María aparece en la Escritura en el contexto de una cristología extendida en su doble misión: como portadora del Mesías a la historia humana y como ejemplar de quien acepta a Jesús por la fe. Lo cierto es que, en la perspectiva de la historia de la salvación, María no es el primer momento. El primer momento es Jesucristo; pero, al extenderse, al abrirse el abanico del misterio de Cristo, aparece entonces María. La concentración de las Escrituras en el misterio de María es resultado, como decía, de una cristología extendida. Su imagen bíblica, precisamente por su relación a Cristo, se hace normativa para todo cristiano que quiera ser fiel a la revelación. Así es como debemos presentar a María al pueblo. Primero proclamando la verdad de Cristo, porque la verdad de Cristo incluirá la verdad de María.

María fue una mujer plena. Fue hija, fue madre, fue esposa. María es una mujer a la cual fue dado decidir el futuro de la humanidad, abriendo así la puerta para la misericordia de Dios a través de su sí a Dios, en nombre de los seres humanos. Los seres humanos fuimos representados por una mujer en el umbral de los tiempos; y por eso debemos respetar tan profundamente la figura de la mujer, promoverla y fomentarla. María revela al ser humano en su llamado a entrar en comunión y en diálogo con Dios. María representa al ser humano como escucha de la Palabra de Dios, como sujeto activo y responsable de la historia del mundo, artesano de la historia. El sí de María no fue como un bumerán, que uno tira y vuelve sin cambio a su origen. El sí de María es un sí que se lanza y que regresa y la transforma en Madre de Dios. La transforma en una persona que define su lugar en la historia y que logra hacer de su vida un don para los demás.

La piedad popular, sobre todo, es indisolublemente mariana. Cuando decimos: "Santa María, Madre de Dios, ruega por nosotros, pecadores, ahora y en la hora de nuestra muerte", confesamos que hemos añadido al pecado del mundo nuestros pecados, y pedimos perdón a Dios. Sin embargo, nuestra oración está llena de confianza, ya que encontramos fuerza para el "ahora", no sólo en la constante y amable intercesión de la Madre de Dios, sino también en la recolección de cómo María vivió la vida de fe. La Madre de Jesús es el gran ejemplo para toda la Iglesia; pero es también modelo para toda persona en la Iglesia, en todo período de la vida humana y en toda vocación cristiana particular. Nadie siguió a Jesús mejor que María, su madre. Nadie nos puede ayudar tanto, con el ejemplo que nos dio y con su intercesión.

Un modo de conocer a la madre de Dios es la meditación de los misterios del rosario. El rosario, decía Juan Pablo II, es una oración apreciada por numerosos santos y fomentada por el Magisterio. Es una oración sencilla pero profunda. Para muchos santos ha sido instrumento de santidad. A pesar que el rosario se distingue por su índole mariana, sigue siendo una oración netamente cristológica. María nos conduce a Cristo. Ella, la madre del redentor, nos acerca más a nuestro redentor, a medida que vamos meditando los misterios de salvación. Es más, María se convierte en maestra de oración para el pueblo de Dios. (Cf. Carta apostólica *Rosarium Virginis Mariae* del sumo pontífice Juan Pablo II, 1).

No debemos olvidar que María vivió en una familia normal, con todos los problemas y desafíos de cualquier familia. Como buena mujer judía, cuidaba de su hijo y de su legítimo esposo y atendía las faenas de la casa. Lavaba, limpiaba, cocinaba y, sobre todo, educaba a su hijo según las costumbres de su tiempo. María vivió el dolor de tener que huir para escapar del peligro de la persecución; vivió con su esposo y su hijo la experiencia de ser refugiada. En ocasiones, a su hijo lo catalogaron de loco. Todo esto calaba profundamente en el corazón de María. No era una mujer sumisa y asustada de su misión, sino decidida y entregada: "Hágase en mí según tu palabra" (Lucas 1: 38).

Puntos para la reflexión y el diálogo

1. Cuando leo en la Sagrada Escritura sobre la misión de María, pienso...
2. En el seno de nuestra familia, María es modelo de las siguientes virtudes...
3. El amor filial a María, Madre de Jesús, significa...
4. La maternidad espiritual de María la siento profundamente, y esto se refleja en...
5. Mi comunidad mantiene sus devociones marianas a través de...
6. Yo busco a María cuando me siento...

12
Ni un extraño más:
La caridad de Cristo
hacia los emigrantes

[CIC 2443–2449]

Nuestro mundo se ha convertido en una villa. La villa global presupone un deseo de convivencia fraterna entre los pueblos. Un fenómeno en toda la historia de la humanidad es el de la migración. La familia hispana debe tener un sentido claro de cuáles son los valores que deben guiar nuestras actitudes hacia los inmigrantes y cuáles son nuestros deberes. Tenemos que recordar con la Carta a los Hebreos que: *"No tenemos aquí ciudad permanente, sino que buscamos la patria futura"* (Hb. 13, 14). Este mundo en que vivimos es un don de Dios para la humanidad. Todos somos peregrinos en él, nadie es su dueño, y este mundo actual no es el definitivo. Pero mientras vivimos en este mundo, tenemos deberes morales y religiosos que cumplir, como verdaderos seguidores de Cristo. El mundo que Dios nos da es un mundo que necesita ser transformado con la fuerza del Evangelio.

Un fenómeno que ha captado la atención pastoral de la Iglesia en años recientes es el problema de las migraciones. Un comunicado de Aciprensa del 14 de mayo de 2004 anunciaba que el Pontificio Consejo para la Pastoral de los Emigrantes e Itinerantes había publicado una instrucción titulada *La caridad de Cristo hacia los emigrantes*, que aborda el tema "El fenómeno migratorio hoy" y pone énfasis en la necesidad de una acción pastoral que sea adecuada y garantice la atención a los migrantes con el apoyo mutuo de los pastoralistas y la jerarquía (cf. *Aciprensa* del 14 de mayo de 2004).

El documento reconoce que el fenómeno migratorio nos confronta con la necesidad de una ética que busque una más justa distribución de los bienes de la tierra, recordando precisamente, que el mundo es ahora una villa global, una familia de pueblos. El documento exhorta a una pastoral específica para los emigrantes, y la necesidad de desarrollar una cultura de acogida y de solidaridad en relación con los emigrantes. La acogida y solidaridad con los emigrantes debe ser reflejo de la caridad de Cristo hacia todos.

Iglesia y migraciones

El Documento Final del II Encuentro Continental de Migración, refugio, desplazamiento interno y trata de personas, celebrado en Bogotá Colombia, por la Sección de Movilidad Humana del Consejo Episcopal Latinoamericano (CELAM), afirma:

> La Iglesia tiene una sintonía especial con las personas involucradas en el fenómeno migratorio ya que existe una especie de connaturalidad entre ella misma y la movilidad humana. Ella se define como "Iglesia Peregrina", se identifica con el propio caminar de la humanidad. La Iglesia no puede estacionarse, Iglesia y los inmigrantes deben ser solidarios en su búsqueda de "cielos nuevos y tierra nueva".

La Iglesia no puede quedarse indiferente ante el clamor de los inmigrantes. Y no sólo de ellos, sino también de los refugiados de guerras y de trastornos naturales, a los desplazados por los poderes políticos y económicos, al igual que por el terrorismo y el narcotráfico. El documento denuncia otro mal que pasa desapercibido en muchos países, tal vez porque es más conveniente ignorarlo: el tráfico de personas. La "neo-esclavitud" que ha surgido en el ámbito internacional hace eco de la esclavitud histórica que abolieron todos los países democráticos. Y sigue diciendo el documento más adelante:

> La Iglesia, peregrina, es cercana a la condición de los emigrantes, refugiados, desplazados y víctimas del tráfico de personas y está llamada a comprender sus problemas, a apoyar sus justas reivindicaciones y, a defender su causa en los diversos contextos: sea en el interior de cada país, en forma de promover leyes que favorezcan la vida de los emigrantes y su inserción en la sociedad, sea en el ámbito mundial, urgiendo el enfrentamiento de las causas que provocan las olas migratorias y producen la situación en que viven los emigrantes.

> ... Recordemos que a la luz de la fe "No tenemos aquí ciudad permanente, sino que buscamos la patria futura" (Hb. 13, 14): "Amen al inmigrante, porque también ustedes fueron inmigrantes en Egipto" (Dt. 10, 19). "Practiquen la hospitalidad" (Rom. 12, 13), recomendaba Pablo a los cristianos de Roma. La experiencia de Jesús identificándose con su patria, pero traspasando todas las fronteras geográficas de Israel, todas las fronteras raciales y religiosas, derribando todos los prejuicios nos indica que la "pastoral de movilidad humana" consistirá siempre en extender las fronteras del corazón y de la mente, derrumbando los prejuicios que aprisionan a las personas y, mostrando cómo la presencia del "otro" es una preciosa oportunidad para darnos cuenta de nuestras propias limitaciones y descubrir la belleza de la fraternidad, en la libertad de la relación respetuosa y acogedora del "otro".

Los Obispos católicos de Los Estados Unidos publicaron en noviembre del año 2000 un documento titulado Acogiendo al forastero entre nosotros, en el que recogen toda la hermosa tradición de respeto y acogida que la Iglesia católica en los Estados Unidos ha mostrado hacia los inmigrantes e invitan a continuar con esa tradición que engrandece al País y le ha dado su identidad a la comunidad católica. La Iglesia católica en los Estados Unidos fue fundada por inmigrantes, ha crecido gracias a la inmigración y sigue siendo bendecida con la llegada de nuevos inmigrantes.

La familia católica hispana ante los problemas de la inmigración

Nadie tiene la fórmula mágica para resolver los problemas que acarrean las millonarias migraciones modernas. Sin duda, cada caso habrá que estudiarlo aparte. Pero todos sabemos, desde nuestra fe, que el mundo en que vivimos debe ser transformado. La familia hispana tiene una misión muy importante ante el problema de la inmigración, no sólo porque éste le afecta directamente a ella, sino también a miles de hermanos y hermanas de otras nacionalidades y etnias. Indudablemente, el compromiso con la justicia, con evitar el crimen y la violencia, con la búsqueda de trabajo digno y justo, debe ser primordial para la familia hispana católica de hoy.

El martes, 20 junio de 2006, el arzobispo de Los Ángeles, el cardenal Roger Mahony, señaló que el actual sistema de inmigración es "moralmente inaceptable". Hay una cierta hipocresía de parte del estado, que paga bajos salarios a los inmigrantes, acepta sus impuestos, pero no les ofrece protección. El Cardenal señaló que la Iglesia entiende que recibió un mandato de Jesús de recibir al extranjero, alimentar al hambriento, vestir al desnudo, dar de beber al sediento, etc. La Iglesia recuerda la parábola del Buen Samaritano, que con su amor solícito ayuda al desvalido.

Las familias inmigrantes que sufren las consecuencias de vivir sin papeles en Estados Unidos deben sentir la protección y el cuidado de la Iglesia. Nuestros obispos han asumido un papel profético en defensa de la causa inmigrante. Cada familia debe encontrar orientación profesional para enfrentar su situación. Algunas diócesis prestan ayuda legal a través de las oficinas de Caridades Católicas, otras recomiendan la asistencia de organizaciones civiles serias para consejería legal. Es muy importante cuidar este aspecto para evitar el abuso de personas sin escrúpulos.

Por otra parte las familias inmigrantes enfrentan muchas situaciones especiales para las que pueden necesitar otras formas de asistencias y ayuda profesional: los problemas escolares de los hijos, las dificultades de integración en los barrios, aprender un idioma en la edad adulta... Éstas y otras situaciones requieren asesoría. No tengan miedo de buscar ayuda profesional, pero sean cuidadosos para acudir con las personas adecuadas; especialmente asegúrense que sean profesionales en el área en la que ustedes necesitan ayuda.

Puntos para la reflexión y el diálogo

1. El compromiso con la justicia y el derecho me hacen sentir que ante el inmigrante yo debo...
2. La historia de la humanidad siempre ha contenido capítulos extensos de migración. En este momento histórico, en esta villa global, mi familia puede apoyar...
3. La Iglesia Católica ha dado pasos significativos para tomar conciencia de la situación de los inmigrantes en todo el mundo. Ante estos esfuerzos yo me siento comprometido a...
4. La defensa de los derechos de los inmigrantes, la protección de los menores, evitar la explotación y la trata de gentes, me hacen sentir comprometido con la causa de la Iglesia hacia los inmigrantes. Esto se manifiesta en...

13
HACIA UNA ÉTICA
RESPONSABLE DEL AMBIENTE
[CIC 2415–2418]

Una teología adecuada de la creación toma en cuenta que, este mundo en que vivimos, es prestado. Nos somos dueños de la naturaleza y del ambiente. Su único dueño y señor es Dios. Nos toca a nosotros usar adecuadamente los recursos naturales necesarios para nuestra supervivencia, pero no de tal manera que dañemos el ambiente o extingamos especies vegetales o animales en busca de lucro y sin necesidad proporcional.

La grave situación que aqueja a muchos países es la mala e injusta distribución de la tierra. En algunos lugares, un pequeño grupo es dueño de la mayoría de las tierras cultivables, las cuales arriendan a pequeños agricultores, con quienes no comparten adecuadamente el fruto de la tierra, explotándolos y nunca permitiendo que puedan ellos tener su propia tierra. El resto de las tierras que sobran son de baja calidad, lo cual hace que los más pobres tengan que invertir más para hacer producir esos terrenos. El proceso de concentración de la propiedad en pocas manos es una situación de injusticia, pues ha convertido las tierras en grandes feudos y el método de compra de estas tierras puestas en manos privadas no siempre ha seguido los debidos procesos de la ley.

Anteriormente, el pequeño agricultor podía adquirir un terreno pequeño que podía cultivar con y para su familia. Pero poco a poco, los latifundios modernos, frecuentemente comprados por compañías multinacionales, contra las cuales no puede competir el campesino, cierran el acceso de los pobres a la tierra. Peor aún, en algunos países, los grandes latifundistas ofrecen préstamos a los pequeños agricultores a precios de usureros. Cuando la cosecha falla o no produce lo suficiente, ya que habían puesto el terreno como garantía del préstamo, los pequeños agricultores perdían su terreno y todo su porvenir. Esto ha llevado a una mayor fragmentación de la tierra poseída por los pequeños agricultores y sus familias. La política económica y las demandas del mercado neoliberal crean vínculos entre el estado y el mercado, que no permiten al estado defender los derechos de los pequeños agricultores. (Cf. Pontificio Consejo de Justicia y Paz, *Para una mejor distribución de la tierra. El reto de la reforma agraria.* Roma, 23 de noviembre 1997).

Responsabilidad ecológica

La familia hispana tiene una vocación ecológica porque es consciente de que la naturaleza y el planeta tierra es nuestra casa común. Aunque muchas de nuestras familias han emigrado de las grandes ciudades, la mayoría venimos del campo. Sabemos de primera mano la importancia del contacto con la tierra, de la salud física y psíquica que otorga estar en contacto con la naturaleza, con lo mucho que nos da nuestra hermosa madre tierra.

Uno de los más grandes problemas de los urbanitas—personas que viven en las grandes ciudades—es que han perdido el contacto con la naturaleza. No disfrutan de los amaneceres, ni respiran el aire limpio de las montañas. No conviven con los animales, ni perciben el ritmo ni los cambios que acontecen en una pequeña flor. Al perder contacto con la tierra olvidan que pueden hacerle daño. Los hispanos que vivimos en los Estados Unidos sabemos que este país produce millones de toneladas de basura, más que ningún país en el mundo; que consume, en términos porcentuales más energía, en cualquiera de sus formas; y que desechamos más cosas útiles que nadie. El consumismo genera desperdicio y, por lo tanto, basura que ensucia el planeta.

Como una respuesta responsable al llamado de la naturaleza. Primero, debemos procurar mantener un ambiente limpio y sano en nuestras comunidades. Evitar hasta donde nuestras posibilidades lo permitan, la cultura del "úsese y tírese". Segundo, debemos denunciar y oponernos a toda forma de abuso ecológico. Presionar para que este gobierno acepte las regulaciones internacionales para controlar los desechos industriales. En tercer lugar, la familia hispana se debe esforzar en construir una sociedad solidaria con las necesidades de los más pobres. Un modo de lograrlo es consumir los productos que provienen de mecanismos justos de comercio, de empresas que respetan las más elementales reglas de comercio justo. Finalmente nuestros niños deben entender que millones de niños en el mundo no tienen ni la décima parte de los que nosotros tenemos. Nosotros como inmigrantes sabemos que la pobreza no es un obstáculo para la solidaridad y el compromiso con otros más pobres.

Además, debemos ser conscientes de que nosotros somos criaturas. El sabernos creados es una dimensión de nuestra relación con Dios que nos abraza completamente. Los católicos confesamos que la creación del mundo es parte de la historia de la salvación y, por lo tanto, tiene una consecuencia personal para cada uno de nosotros. No podemos usar la naturaleza haciéndole daño sin sentirnos responsables ante Dios. Nosotros somos parte de esa creación buena de Dios, y a nosotros nos ha encomendado Dios el cuidado de la tierra.

El mundo ha sido salvado por Cristo y en Cristo, y esto significa que ha sido creado también por él y en él. Por eso, la Iglesia siempre ha defendido la bondad de la creación del mundo, pues todo lo que viene de Dios es bueno, y él no odia nada de lo que ha creado. Desde el Antiguo Testamento se desprende que el hombre, en nombre de Dios y ante Dios, es responsable del mundo pero no es su dueño. Tiene que dar cuenta a Dios del uso, o mal uso, que ha dado al don de la creación.

En la resurrección de Jesús se nos revela el designio definitivo de Dios sobre nosotros y sobre la creación entera. Esa creación, tanto la humana como la vegetal, animal, mineral y de toda otra índole, debe ser transformada, junto con la creación humana. La verdad del valor de la ecología sólo la reconoceremos con plenitud cuando vuelva el Señor. Es más, dice Pablo que la creación entera "gime con dolores de parto" esperando la revelación de los hijos de Dios. Parte de esa revelación como hijos de Dios es asumir con responsabilidad nuestros deberes ecológicos.

Puntos para la reflexión y el diálogo

1. Al pensar en el medio ambiente donde vivo, siento la responsabilidad de...

2. En mi pequeño mundo, en el barrio o ciudad donde vivo, debemos esforzarnos por mejorar el ambiente de la siguiente manera...

3. Los daños más graves a la naturaleza que se dan en mi entorno son...

4. Lo que yo voy a hacer para ser solidario en la lucha por la conservación del medio ambiente es...

5. La familia es lugar donde los niños aprenden valores. Respecto al ambiente, yo quiero educar a mis hijos en los siguientes valores ecológicos...

Conclusión

Este manual para la familia católica de hoy es un recurso para la pastoral familiar en las parroquias, en los movimientos apostólicos, pero sobre todo es una herramienta para las familias. Cada familia puede encontrar en este manual ideas, principios éticos, pistas para su continua renovación.

Dios nos ha dado el regalo más grande al permitirnos nacer y crecer en una familia y deseamos que las nuevas generaciones también crezcan y disfruten de este don de Dios. Sabemos que los modelos familiares hoy son mas diversos que hace algunos años, y esa circunstancia nos impulsa de manera más activa a buscar las luces espirituales para iluminar todas las formas de familia que hay en la sociedad de hoy.

Que la Santísima Trinidad, familia divina, nos acompañe y nos fortalezca a todos en este esfuerzo.